真理の語り手

アーレントとウクライナ戦争

重田園江

白水社

真理の語り手——アーレントとウクライナ戦争

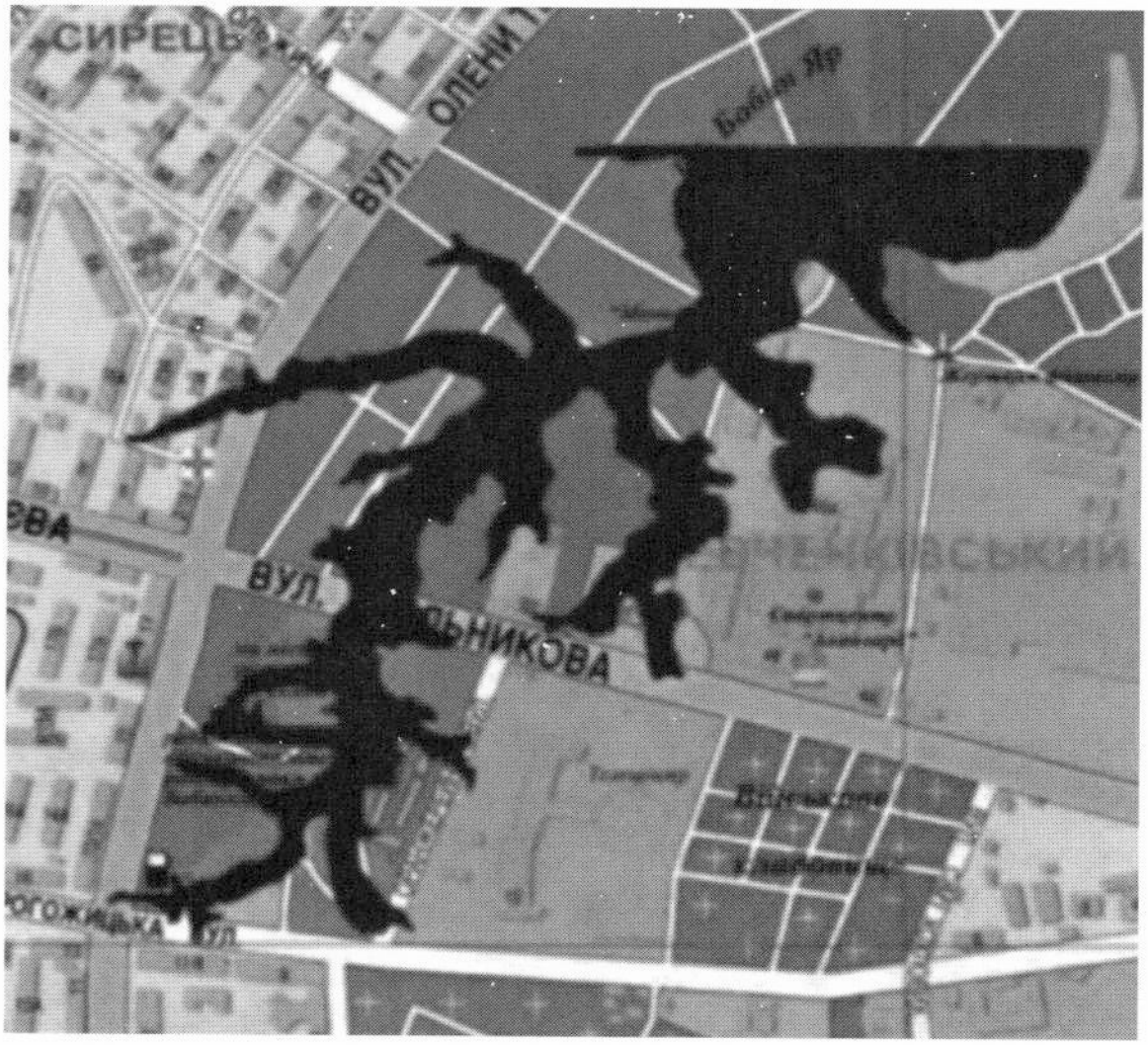

かつてのバビ・ヤールの場所を、2000 年の地図に黒く上書きしたもの

真理の語り手＊目次

装幀＝コバヤシタケシ　組版／地図制作＝鈴木さゆみ

凡例

・地名や人名について、かつてロシア語読みで現在はウクライナ語読みに修正されたものについては、現在の表記によった（ハリコフ→ハルキウなど）。ロシア語読みが定着しているものについては、そのまま表記した（バビン・ヤールではなくバビ・ヤールなど）。以前からの読み方がそのまま用いられているものについては、それによった（クルィームではなくクリミアなど）。主に外務省「ウクライナ首都等の呼称の変更」添付「地名対照表（ウクライナ語・ロシア語）」、二〇二二年四月一日の表記による。

・引用文中の〔　〕は引用者による補遺である。

・日本語訳がある著作物の引用はそれにより、日本語訳のページを示した（仮名遣いを若干改めたところがある）。

序章　アーレントの時代、ふたたび

私の映画には、旧ソ連の遺物がいつも出てくる。しかし、扱っている問題は西欧にも存在するものだ。ある人たちが、他の人たちがどう生きるかを決めてよいという考えはいまでもある。……ソ連とナチスドイツは極端なことをしたが、将来似たような考えが必ず出てくると確信している。

セルゲイ・ロズニツァ(1)

一　二人のディアスポラ、アーレントとロズニツァ

ハンナ・アーレント Hannah Arendt（一九〇六～一九七五）は、とても人気のある思想家だ。女性の政治思想家ではいまのところ空前絶後の人物で、その魅力は色褪せるどころではない。死後に名声が高まった典型のような人である。

アーレントはドイツ系ユダヤ人として、ハノーファー近くのリンデン地区に生まれた。市街中心地

からマシュ湖を挟んだ西側に当たる。ユダヤ系の家庭で教育を受け、マールブルク大学でハイデガーと出会った。その後フッサール、ヤスパースに師事し、博士論文はヤスパースの下で書かれた『アウグスティヌスにおける愛の概念』（一九二九）であった。

ナチスが政権をとった一九三三年にはフランスに亡命を余儀なくされる。時代の要請から彼女は政治活動の最前線にも加わっており、哲学と政治が交錯する場所で思索を重ねるようになった。さらにフランスがナチスに支配されるに至り、アメリカへと逃れた。

このとき一度はフランスのヴィシー政権下で捕虜収容所に入れられたが、混乱に乗じて抜け出し、非常な困難の末、フランスからスペイン、そしてポルトガルへと逃れ、一九四一年にニューヨークにたどり着いた。フランスからスペインへの越境はとりわけ難しく、数カ月遅ければ不可能だったとされる。(2)

アーレントはドイツ時代から、全体主義と反ユダヤ主義についての資料を集めており、それらをもとにした『全体主義の起源』（一九五一）は、この分野でいまも越えることが難しい記念碑的作品である。他にも『人間の条件』（一九五八）などで知られ、アイヒマン裁判のレポートである『エルサレムのアイヒマン』（一九六三）は、ナチスの捉え方とユダヤ人の役割、またシオニズムの評価をめぐって大きな論争を巻き起こした。

このように、激動の時代のただ中で思索を重ねたアーレントを、私自身は二十世紀の苦悩を体現する思想家だと考えてきた。「政治的なもの」をめぐる彼女の構想は復古的に見え、「社会的なもの」擁護派としては物足りなく思っていた。たしかに、全体主義と政治の暴力というのは冷戦期までには、よく当てはまるテーマだ。だが、二十一世紀の幕開けとともにやってきた「対テロ戦争の時代」には、大仰な国家装置を前提とする彼女の議論はどこか古風に感じられた。

また、監視社会の変貌という、昨今よく取り上げられる主題も、アーレントが対峙した時代と現代との違いを示しているように思えた。オーウェルの『一九八四』や『動物農場』の世界のような、あからさまな支配者による抑圧の時代から、誰が誰を監視しているか分からない相互監視のネットワーク社会へ。「アーキテクチャ」あるいは環境管理型権力といった見えにくい権力についての議論は、二十一世紀に入るころから非常に盛んになった。これに対してアーレントの全体主義論は、ナチスという露骨すぎる悪の権化を、それがなぜ、どのように悪なのか真正面から扱った歴史的偉業であると理解していた。

ところが、である。二〇二二年二月二十四日、ロシアが突如としてウクライナに侵攻し、第二次大戦後では最も大規模な地上戦へと発展する、ロシア＝ウクライナ戦争が勃発した。平和ボケ日本の一員であった私は、二〇一四年以来ドンバスでつづいてきた、内戦に見せかけた戦争を知らなかった。また、クリミア併合がなぜあんなにも短期間で可能だったのか、その背景にある軍事力の利用と非軍事的な世論工作、だまし討ちのような政治的合意取りつけの手法にも、まるで無知だった。

だが、今回の戦争を機にふり返ってみると、戦争以前からロシアによって行われていたさまざまな軍事的・非軍事的な実践には、アーレントの枠組みを用いることで説得的に理解できる事柄が多いことに気づいた。さらにそれは、ロシアのみならず、「大国」とされるアメリカや中国のふるまいにも通じる要素を含んでいる。とりわけ彼女が「嘘」と「真理」について語った事柄のなかに、いまこそそこから思考をはじめるべき豊かなヒントが隠されていることに気づいた。

逆にいうと、私はこれまでハンナ・アーレントという思想家をどのように読んだらいいか分からないままだった。切れ味鋭い考察がそこここに散りばめられていることはたしかなのだが、書き方がエッセイ風でどこをどう受け止めたらいいか難しい。今回はじめて、アーレントを「リアリティを持って」読むとはどういうことかが分かった気がする。

このあとにつづく本文でも指摘しているとおり、アーレントがリアルに受け止められる時代というのは、あまりいい時代ではない。彼女は、危機の時代、暗い時代、悲劇の時代の思想家である。まさにその渦中に生まれ、若い時代を過ごしたことが、彼女の思想の核の部分を形づくっている。現在私たちは残念ながら、彼女が描いたあの暗い二十世紀、とりわけその戦争の影を反復するような時代に生きている。

そう考えると、二十一世紀に入って流行したアーキテクチャもハイブリッド戦争も、アーレントの思想の重厚さに比べれば、時代によって消費されていく一過性の言説に見えてくる。一方、アーレントやオーウェルが「過去の遺物」でなくなる時代に生きているというのは、かなり深刻によくないことだ。少し前には隠され偽装されていた権力は、だんだんとむき出しになってきている。というより、あえて隠すことなく暴力と残虐を誇示することで、人々が萎縮することを狙っている。現在では、真理を告げる者はろくな目に遭わないと威嚇や暴力で示すこと、どんな荒唐無稽な嘘も一つの意見として尊重されるべしという理屈を振りかざすこと、真理を追求する気力自体を削いでニヒリズムを蔓延させること、こうしたふるまいがまかりとおるようになっている。これはアーレントの時代そのものではないか。

アーレントと並んで、本書を書きたいという衝動をもたらしたのが、ウクライナの映画監督セルゲイ・ロズニツァ（一九六四〜）である。本書第Ⅱ部では、ロズニツァをアーレントがいう「真理を語る者」として位置づけ、その映画作品について論じている。ロズニツァについて語ろうとするなかで、自然とウクライナの暗い歴史に分け入ることを余儀なくされた。とりわけスターリン時代のウクライナは、他の東欧諸国同様、最悪の経験をしている。これらの国々は、ヒトラーとスターリンの両方から攻められその餌食となり、信じられないほどの人命が失われた。本書では、第二次大戦時にキーウで起こったバビ・ヤールの虐殺を中心に、これらの地域の歴史に多くの紙幅を割いている。

歴史に入り込めば入り込むほど、スターリン時代のソ連を「全体主義」として捉えたアーレントの鋭さが、身にしみて分かるようになる。さらに、スターリニズムとナチズムを、同時代の二つの全体主義とし、しかもそれがソ連では戦後にそのまま継承されたという彼女の歴史像は、ロズニツァによるウクライナからの歴史理解と共通している。何より二人の作品からは、前世紀の遺物だったはずの全体主義が、ロシアでは現在に至るまでつづいているということを何度も思い知らされる。これはひどく衝撃的で恐ろしいことだ。だが、ロシアに関して現在報道されている事実を考え合わせると、そこに跋扈する「ソ連の亡霊」、とりわけ秘密警察の暗躍が、世界への差し迫った脅威だと思わざるをえないのだ。

ヒトラーの時代のドイツユダヤ人として逃亡を余儀なくされ、「ディアスポラ」として生きざるをえなかったアーレント。ベラルーシ生まれでロシア語話者のウクライナ人として、ロシア、ウクライナ、ドイツ、東欧諸国に残る公的・私的な記録映像を片っ端から集め、それらをドキュメンタリー作品として完成するなかで、歴史認識を深めたロズニツァ。

彼らがいかなる歴史に触れ、どんな見方に至ったのか、読む者、観る者にどんな問いを突きつけてくるのかは、本文で明らかになるだろう。そしてまた、映像作家ロズニツァの作品自体、アーレントが「事実の真理」と呼んだ次元での真理を告げる者の役割と、それがどんなふうに表現されるかの、一つの顕著な例となっている。

二　民主主義　対　権威主義?

ここ十年ほど、中国では習近平体制が長期政権となり、独裁色が強まるとともにＩＴ監視網の強化がなされた。そしてロシアはプーチン独裁の出口が見えないまま、言論抑圧や暗殺が公然と行われるようになってきた。中東アラブ地域、アジア諸国、またアフリカや中南米でも、強権的な手法を用いるリーダーが目につくようになっている。その果てに今回の戦争が起きたのだ。

こうして、市民による民主化運動や言論活動が厳しい弾圧によって退潮を強いられるようになった現在、「民主主義対権威主義」という図式で世界を二分する議論が目立ちはじめている。たとえばアメリカのシンクタンクであるフリーダム・ハウスが出している「世界自由度調査」などを引き合いに出し、民主主義が退潮し代わって権威主義が台頭しているといった指摘がなされている。

だが、リサーチアナリストによるレポートをもとに、比較政治学的な手法を用いて数値をはじき出すこうした調査によって、民主主義と権威主義を同一平面上のグラデーションとして捉えることには、図式そのものに限界があるようにも思える。たとえばロシアや中国は、中東諸国と同じ権威主義に括られるのだろうか。権威主義のグラデーションのなかのどこかに位置づけることで、秘密警察がもたらす全体主義的統治がどういうものか、果たして理解できるのだろうか。アーレントが「事実の真理」について述べたこと、また政治における嘘が人々の認識にもたらす影響の深刻さについての指摘は、こうした比較による量的調査とは、次元の異なる側面を見せてくれる。

アーレントの出発点にあるのは、有限な存在としての人間、それでもなお、物語を紡ぎ自らを何者かとして示すことができるような、同胞たちの間でことばを用いて自己を表現する存在としての人間であった。人間の有限性とは、私たちが歴史的な一回性のうちに生きることを意味する。私たちがある時代、ある場所に囚われ、そこからしか思考することができない以上、出来事はその一回限りの固有性のうちに捉えられるべきなのだ。

ただし、あらゆる人間が有限性へと閉じ込められているという共通の条件はまた、別の帰結を生む。それは、出来事の一回性のうちに入り込みそのなかで思考しつづけることによって、逆説的にも、人間にとっての「普遍」につながる回路を見出す道がひらけるということだ。

データに基づく比較研究、エビデンスに基づく科学的分析、量的・統計的な「実証性」の重視。現代の社会科学の世界では、こうしたアプローチが勢いを持っている。どうやらそこでは、社会を科学的に記述し、それに依拠して足りないものを政策提言として示すことができると、無邪気にも信じられているようだ。

だが、「いまあるもの」の定量的記述や比較が、有限性と歴史的一回性を生きるしかない人間の生の条件のなかで、どれほどの意味を持つだろうか。歴史をつうじて過去へと問いかけ、そこに在った「事実」に目を向けることで、何が現在を作っているのかを理解しようとすること。こうした試みの方がずっと魅力的ではないだろうか。

「科学」とエビデンス全盛の時代において、反時代的とも言える本書の試みが、いまよりほんの少し先を照らそうとする思考にとって意義を持ち、糧となることを願っている。

ふたたびロズニツァのことばを引いておく。


科学はカタログを作るのが得意だ。メモリアル・センターに行けば、強制収容所がどうやって作られたのか順を追って学べる。何人が収容され、何人が死に、そこで何をしていたかといった情報もある。だが、強制収容所の記憶に私たちが入り込むための、何らかの儀礼のようなものはここにはない。つまり教会や寺院が果たしてきたような役割は、科学には果たせないのだ。そのため私たちは一番重要なことを逸してしまう。つまり、生と死の神秘について考えをめぐらせる機会がないのだ。(3)

I　アーレントと真理の在りか

二〇二〇年の選挙に負けたなんて統計的にありえない。一月六日に大抗議集会を開くから、どうか来てほしい。ワイルドになるぞ！

ドナルド・トランプ、二〇二〇年十二月十九日のツイート

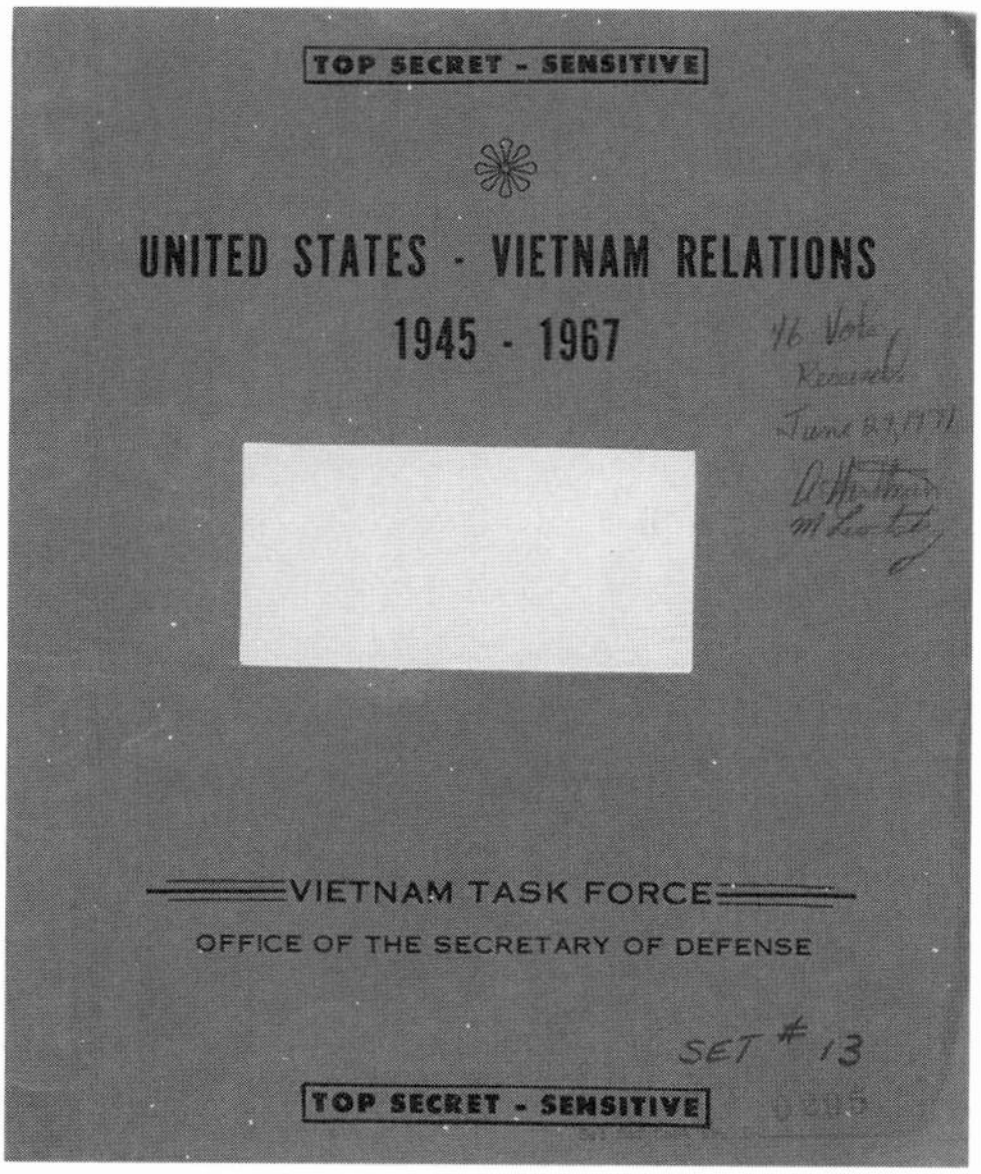

ペンタゴン・ペーパーズ（国家文書）表紙

第一章　政治が嘘をつくとき

総じて人間は、手にとって触れるよりも、目で見たことだけで判断してしまう。なぜなら、見るのは誰にでもできるが、じかに触れるのは少数の人にしか許されないからだ。

マキャヴェリ『君主論』第十八節

一　陰謀論とでたらめと暴力と

「カモン カモン」（二〇二一）という、マイク・ミルズ監督の映画を観た。九歳の生意気な巻き毛の男の子が出てきて、主演のホアキン・フェニックスを困らせるようなことを言ったりしたりする。この子はしばらくの間母親と離れ、伯父（フェニックス）とその仕事仲間の大人たちと過ごすことになったのだ。大人に囲まれてレストランにいるときの会話で、「YouTubeでは何を観るの」と聞かれるシーンがある。その子は「陰謀論が好きでよく観る」と答える。その陰謀論の中身がふるっていて、権力者たちはどうやら蟻の巣を管理して特別な蟻をたくさん飼っているらしい。一般人が死ぬとその人の脳に穴を開けて蟻を入り込ませ、彼らを自在に操るそうだ。人間の言うことを聞くように調教されたゾンビみたいなものだろうか。(1)あるいは「ゼイリブ」かも。(2)

この部分はギャグセンが高く、この映画で私が一番気に入ってしまったシーンだ。九歳の子どもが、陰謀論をそれと分かった上で面白がって観ている。おかしなことを妄想している大人がYouTube動画で真剣に語る世界は、子どもにとっては都市伝説や学校の怪談と同じようなものなのだろう。ほんとかどうか知らないけど、怖いもの見たさで好奇心をかき立てられるということか。

アメリカのトランプ政権の四年間は、毎日呆れたり腹を立てたりするニュースばかりだった。なんという品位のないことば遣いだろう、こんな根も葉もないことをなぜ言えるんだ、アメリカ人はほんのちょっとでもこの人の言うことを信じてるんだろうか、などなど。どこから突っ込んだらいいのか、というレベルの発言ばかり聞かされ、それに拍手喝采する聴衆の映像を目にした。トランプは、弾丸のごとくデタラメを並べ立てる手法を臆することなく用いて、いつの間にかそれが日常的な政治のことばとして定着していったように思う。その集大成が「選挙が盗まれた」と議事堂占拠だった。もっとも、困ったことにトランプはいまも健在で、プーチンのウクライナ侵攻によくやったと言ってみたり、早々と大統領返り咲きに意欲を示したりと話題に事欠かない。

冒頭に挙げた蟻の陰謀論や、トランプが演説する姿、そしてそれに熱狂する支持者たちは、傍観者にとっては笑いを誘う。とても本当とは思えない内容の話や、俳優が演じているかのような大げさな身振りや話し方は滑稽で、全体的に何かのパロディに見える。トランプ自身がトランプの物真似をしているようなのだ。「サタデー・ナイト・ライブ」でのアレック・ボールドウィンによるトランプの物真似が人気になったが、それと同じくらいトランプはトランプの真似をしているように見える。

だが陰謀論やトランプに苦笑して、そんなことあるわけない、こんな話を真に受ける人はさすがに少数派だろうと思っていた人たちの表情が、急に凍りつく瞬間がある。それはたとえば、二〇一六年の大統領選挙を控えたアメリカで、ワシントンのピザ屋の地下がヒラリー・クリントン陣営による児童売春組織のアジトだというツイートが大量に出回った後に起きたことだ。この話を真に受けて、実際に銃を持った男（こういう事件で犯人が女だったことは稀だ）がピザ屋に現れて発砲するという事件が起こった。

これが典型的な陰謀論に基づく妄想的行為として知られるようになっている現在でも、ネット上には驚くべき主張が並んでいる。この児童売春組織は実在する、クリントン陣営の選対本部長だったジョン・ポデスタは小児性愛者だ、などの主張を日本語で簡単に読むことができるのだ。

デマが流され、それを信じた人による暴力的な事件が起きる。事件そのものによってことの深刻さが知れわたり、事実無根であることが公的に認められたあとでも、「組織があったという証拠が公にならないということは、やはり真実は巧妙に隠されているのだ」「権力者たちのディープ・ステイトが存在するのだ」と考える人々がいる。そうなると、あとは脳に蟻を入れられた人たちが小児性愛グループのために子どもを調達しているかもしれないし、特別なサングラスをかけないと見分けられないエイリアンに、地球が乗っ取られているかもしれない。ないことは存在しないことの証拠ではなく隠されていることのしるしなのだから、どこまでいっても陰謀論の信奉者を納得させる反対論拠は見つからない。

二〇二〇年のアメリカ大統領選挙でも、明らかにシャレにならない瞬間が訪れた。二〇一六年選挙では、上述の児童売春組織の件でも暗躍した、ロシアによるハッキングと偽情報拡散という強力な支援もあって、トランプが当選したとされる。だが、二〇二〇年の選挙では民主党側の警戒によって同じことが起きなかった（ロシアのサイバー攻撃に対する民主党とアメリカ政府によるこのときの徹底した研究が、ウクライナ戦争でも生かされている）。

接戦が予想される中、トランプは選挙前からコロナ禍で拡大した郵便投票などの選挙方法を攻撃していた。そして、選挙結果が思わしくないことが判明すると、「不正投票があった」「死者が投票している」「集計所が不正に票の廃棄を行っている」などの主張をくり広げた。さらに「選挙が盗まれた」とくり返し演説し、SNSに投稿した。二〇二一年一月六日、ホワイトハウス近くの演説でも「選挙が盗まれた」「我々は死ぬ気で戦う」「議事堂へ行こう」などと参加者を煽り立て、ヒートアップした支持者たちはそのまま、大統領選の投票結果を認定するために議員たちが集まっていた議会議事堂に乱入した。

彼らの議事堂内での行動は、動画や「セルフィー」を通じて拡散した。議長席に座ったりナチスのエンブレムを掲げたり、バッファローの帽子にフェイスペイントでシャウトしたり、合衆国議会議事堂という民主政治にとって神聖であるべき場所で、とんでもなく野蛮なことが起きている様子が全世界に知れわたった。

その後もトランプは訴訟を乱発したが、なかには審理開始以前に取り下げられたものもある。訴訟として提起可能かを精査しないまま、できるだけ多くの訴訟を起こして目立たせようとしたと考えられる。結局ほぼすべての訴訟で敗訴または訴えを却下され、(3) 通常の手続きにしたがってバイデンが次期大統領に選ばれた。

現代は「ポスト・トゥルース」の時代などと言われ、証拠も根拠もないままに広めたいことを大声で叫び、ネットで拡散させるのが流行している。その主張はしばしば荒唐無稽だが、社会に不満を持つ人に訴える力があるらしい。そこまでなら、手前勝手な真実に賛同しない者は傍観者でいられる。極端な決めつけやデタラメを唱える側も、それを信じて支持する側も、信じている内容の浅薄さと信じがたさ故に滑稽だと思っていればいいからだ。

蟻を脳に忍び込ませて死んだ人が生き返るわけないじゃないか。選挙の集計所を公開しライブ中継しているのに、どうやって大量の票を廃棄できるんだ。本気でこんなこと言っているとしたらどうかしてるし、信じている方も本気のようならなるべく近寄らないことにしよう。遠くから見ているだけなら害もないだろう。

ところが、こうしたシラフならとても信じられないような主張をもとに、それに熱狂する人々が実際に行動を起こすと、事態の局面が変わってくる。その行動はしばしば理性の抑制が効かず直情的で、すぐにも暴力行為へとつながるからだ。そのとき、このおかしな連中を遠くから眺めていた人たちは、これはただごとではないと思いはじめる。飲みの席で冗談めかして語られる対象だった陰謀論は、ここで現実の脅威へと変わる。

さらに悪いことに、こうした暴力の顕現は、必ずしも人々の目を覚まさせるわけではない。ピザ屋の襲撃で犯人は逮捕され、地下には何もなかったことが明らかになっても、信者は信じつづけることができるからだ。組織は急いで別の場所に移転したのだとか、襲撃者は権力のいけにえなのだとか、いくらでも思いついた理由をネットに書き込める。読者はそれを信じたければ信じればいいし、信じたくなければ無視すればいい。ネット時代の情報の海のなかでは、人は知りたいことを探し回れば、どこかでそれを見つけることができる。信じるかどうかの選択は自由なのだから、他人にとやかく言われる筋合いはない。

議事堂襲撃の場合も、それによって彼らの愚かさが明るみに出たと思った人もいれば、彼らのやったことは正しいと思う人もいただろう。またトランプ陣営は、このような暴挙を反省することなく、自分たちが聴衆を煽動したことも認めず、謝罪もしていない。そして議事堂襲撃を追認するかのような訴訟の乱発である。

つまり、小説や映画の結末とは異なり、デタラメと偽情報が暴力を誘発し、それがきっかけで真実が明るみに出ても、事態が収束するわけではないのだ。現に暴力に加担した人もそれを目の当たりにした人も、相変わらず信じたいものだけを信じ、聞きたいことだけを聞き入れつづけている。選挙が盗まれたと信じている人たちにとっては、暴力が抑圧され非難されることすら、背後に何か「真実」が隠されている証拠なのだ。このように、真実が一つでないどころか、自分にとっての真実をいくらでも作り出せてしまい、それを簡単に世界中に拡散し、暴力行為を誘発できるとは、私たちはなんと恐ろしい時代に生きているのだろう。

現在は「ポスト・トゥルース」の時代、あるいは名探偵コナンの「真実はいつも一つ」が通用しない世界になったということなのだろうか。

二　ペンタゴン・ペーパーズとロシアのプロパガンダ

「ポスト・トゥルース」といったことばで括ると、言いたいことを言い、信じたいものを信じることから生じる暴力とカオスの状況が、SNS時代の新しい出来事のように思える。しかし、実はこうした事態は以前から見られるものだった。このことは、ハンナ・アーレント「政治における嘘——ペンタゴン・ペーパーズについての省察」（一九七一）に書かれているとおりだ。

「ペンタゴン・ペーパーズ」とは、第二次大戦終結からベトナム戦争が泥沼化する時期にあたる、一九四五年から一九六八年にかけてのアメリカの対ベトナム政策決定の詳細を追った報告書である。四十七巻にわたる膨大な文書は、アメリカがすぐに解決できると考えてはじめた軍事介入から、大規模ゲリラ戦争の泥沼へと引きずり込まれて身動きが取れなくなっていく姿を描いている。そして無責任なことに、ベトナムは泥沼でアメリカは勝てないと知っていながら、リーダーや政策決定者の誰もあるべき方向に舵を切らなかった。つまりベトナムへの介入をどんどん深めていったのだ。その結果が、ベトナム南部への十四年にわたる枯葉剤散布（南ベトナム軍によるものを含む）、多くの一般人・兵士の死や後遺障害、広範囲の土壌汚染による農業壊滅、ゲリラ戦を戦ったアメリカ兵士のPTSD、戦場

に蔓延した麻薬と味方への暴力、つまり「ジェイコブズ・ラダー」の悪夢である。(4)

この報告書は、マクナマラ国防長官の命でまとめられた政府の極秘文書である。文書執筆者の一人、元国防総省所属でランド研究所に勤務していたダニエル・エルズバーグは、ベトナムの戦場を視察した経験から、現地での悲惨な戦闘状況とアメリカでの楽観的な戦況報道との落差に、かねて疑問を抱いていた。一九六九年、エルズバーグはこの最高機密文書全文を密かにコピーし、ニューヨーク・タイムズの記者に見せた。こうして一九七一年六月、ニューヨーク・タイムズおよびワシントン・ポスト紙上で、ペンタゴン・ペーパーズに関する連載がはじまる。アーレントが読んだのはこの連載記事である。(5)

ペンタゴン・ペーパーズでアーレントが驚いているのは、ベトナムをめぐるアメリカ政府の発表がとにかく嘘だらけだったことだ。「政府の首脳レベルがのめり込んでいた政治的な不誠実さの程度があまりにも度を越したものであったために、また、それに付随して、武官と文官とを問わず政府業務のあらゆる位階に嘘が増殖するのを許していた」。そしてこうした嘘のなかには、「対ゲリラ掃討部隊の発表するでたらめの死者数、空軍による敵の損害についてのでっちあげの報告書、自分が書く報告書によって自分の功績が評価されることを承知している下士官がワシントンに書き送った「進捗」報告書」(6)などが含まれた。

ここまで読んだだけで、最近別の国でも似たようなことが起きたのではないかと連想するだろう。現在、プーチンがなぜあんなずさんなやり方で対ウクライナ戦争をはじめたのかが語られるなかで、彼の元にウクライナについて正確な情報が集まっていなかったかもしれないという指摘がなされている。プーチンが気に入る報告でなければ何をされるか分からない、気に入れば安泰で出世できるとなれば、ウクライナでの諜報活動やロシア化への地ならしが順調に進んでいると報告しておいた方がいいに決まっている。ばれたらどうなるか分からないが、本当のことを言って粛清されるくらいなら、ばれるまで無事でいた方がましだ。自分の未来も国家の将来も、先のことなど考えてもしかたない。いまを生き延びられず収容所送りになったり毒殺されたり、自殺を装って銃殺されたりビルから飛び降りさせられたりしたら、すべておしまいなのだから。

結局戦争の泥沼化で、プーチンは都合のいい情報だけを上げてきたＦＳＢ（連邦保安庁）第五局の欺瞞にやっと気づいたようだ。怒ったプーチンは自ら作った大切な第五局の幹部を軟禁し、百五十人をＦＳＢから追放した。(7) もとを正せばプーチンの恐怖政治のせいなのだが、失敗の責任を部下に押しつけてパージするのは、スターリン以来強権的支配者の常套手段になっている。

ここでロシアの現状に入り込む前に、政治における嘘をめぐるアーレントの考察を、もう少し見ておこう。アーレントは、人間はたまたま嘘をつくのではないことを強調する。嘘とは意図的なものなのだ。それは「わざと虚偽を述べる」という、モラルに関わる行いなのである。

また、嘘の存在論的条件としてアーレントは、それが「事実」という、あったかなかったかいずれでもありうる「真理」に関わっていることを挙げている。この点は第二章で彼女の「真理と政治」という論考を見ていくなかでもう一度検討する。ここで予備的に述べておくと、事実とはとても儚く脆いものである。たとえば「南京大虐殺」「従軍慰安婦」などについて、日本は隣国ともめにもめている。

これは、大規模な歴史上の事件において、いくら証言や証人や証拠があったとしても、それが事実であるかどうかは、受け取る側の政治的立場や願望によっていかようにも変わりうることを示している。「欺瞞がある程度まではきわめてたやすいものであり、また人がその誘惑にのりやすいのは、事実の持つこの脆弱さのためである。事態がまさしく嘘をつく人が主張するとおりであるかもしれないので、欺瞞は決して理性と対立するようにはならない。嘘をつく人は聴衆が聞きたいと思っていることや聞くだろうと予期していることを前もって知っているという非常に有利な立場にいるので、嘘はしばしば現実《リアリティ》よりもはるかに真実味があり、理性にアピールする」(8)。嘘は無垢ではありえず、意図的なものである。だがそれは、聞く者の期待に沿う形で述べられるため、真実味があると受け止められる。逆にいうと、人々の期待に沿わない真理は受け入れられず、無視されるのだ。

なぜ嘘が、宗教的にかくも厳しく罰せられてきたかの理由をここに見ることができる。時間的空間的に限定された世界、つまりは有限なる世界、「事実」が生起しては消えていく世界に生きる人間たちにとって、嘘は存在の根拠をつき崩すような恐ろしい深淵を見せる、一種の「毒」だからだ。嘘を放置すればそれはあっという間に世界を埋め尽くすだろう。だから宗教者たちは、嘘を厳しく取り締まってきたのだ。

アーレントによると、ベトナムをめぐる政府の嘘は手の込んだものだった。現地を知る諜報機関職員は、政府に対してその都度正確な情報を伝えていた。そしてまた、たとえばトンキン湾事件のような偽造された事件では、敵である北ベトナム軍はそれがアメリカの挑発とでっち上げからなることを熟知していた。もちろん現地の諜報機関もそれを知っていた。だが事実は隠蔽され、アメリカの上下院は本当に北ベトナム軍がアメリカの駆逐艦に公海で魚雷を発射したと信じ、北爆を支持した。つまり、戦争に関して重大な決定を下す集団が、事実に関して最も無知であるという奇妙な状況が生じていたのだ。

でっち上げによって戦争のスイッチが押された点では、第二次チェチェン侵攻の口実となったモスクワなどの連続アパート爆破事件も似ている。このとき三百人近くのロシア市民の死者が出たが、これはプーチンとその配下にあるFSBの自作自演であると言われる。もっとも、これが本当にFSBの仕業であることを、絶対的に確証するすべはない。爆発物の種類についての証拠と証言から、どう考えてもFSBの関与があると推測されるだけだ。

ただ、ぞっとするような傍証となるのは、告発や調査を試みた者が相次いで命を落としている点だ。この告発の先鋒であった元FSB職員アレクサンドル・リトヴィネンコは、亡命先のロンドンで猛毒ポロニウムを盛られて二〇〇六年に殺害された。[9] 同じ年、チェチェンに関する疑惑を追っていたジャーナリストのアンナ・ポリトコフスカヤもモスクワの自宅アパートのエレベータ内で射殺されている。[10] リトヴィネンコと共にモスクワ爆破事件を調査したセルゲイ・ユシェンコフ下院議員は、それより前の二〇〇三年に射殺された。

アメリカでもロシアでも、大国主義と秘密警察はろくなことをしないと思われるだろう。実際、秘密警察というのは映画で描かれるのとは実態は全く異なるようだ。彼らの世界には、トム・クルーズもゲイリー・オールドマンもショーン・コネリーもおらず、また法治も人権も存在しない。秘密警察とは、政治的な嘘が全面支配する場所である。彼らは、嘘による政治の支配を行きわたらせるために、どんな卑劣な暴力でも用いるのだ。ここでは、嘘に基づく暴力によって既成事実が作られ、虚偽の原因が本物として認定され、嘘と虚偽に基づく軍事侵略や戦争が行われる。その結果生じたのが、ベトナム戦争やチェチェン紛争での膨大な人命の喪失と土地の破壊だ。その先に現在のウクライナがあり、いま私たちは第三次世界大戦の恐怖に震えている。[11]

だが、これを特異な国家である「おそロシア」の所業として切って捨てることはできない。日本だって同じことをしてきた。満洲事変はなぜはじまったのか。資源小国の日本が満洲を地政学的「生命線」の一つとしたことが大きな理由だが、直接のきっかけは柳条湖事件だ。一九三一年九月、関東軍は南満洲鉄道の線路を自作自演で爆破し、それを張学良軍の仕業として独断で軍事行動を開始した。いくつかの都市を占拠し、日本の軍人を臨時市長とするなど、嘘からはじまった軍事占領という点では、ベトナム戦争やいまのロシアとそっくりだ。この事件は関東軍の板垣征四郎と石原莞爾が首謀者とされる。[12]

それにしても、九十年も前の出来事である日中戦争の時代を反復するロシアに違和感を拭えないのもたしかだ。いまって二十一世紀なんですけど、と思っている人は多いだろう。しかしこれは敗戦国として平和憲法を持つ国と、スターリニズムの全面的な反省を一度も経験したことがないロシアとの違いとして理解すべきことなのかもしれない。この点については、このあと第三〜四章で取り上げる。

アーレントに戻ろう。「政治における嘘」によると、ベトナム戦争では実行不可能な決定が次々と出されたため、目標はつねに変更されねばならなかった。たとえば、南ベトナムの自立を守る、共産主義との戦いの手助けをする、アジア全域が共産化に向かう「ドミノ」を防ぐ、などなど。これは今回のウクライナ戦争で、ロシアが「ウクライナのネオナチからの解放」を目標としてきたのとよく似ている。そもそもウクライナにネオナチがいるとしても彼らが国を支配しているわけではないので、どうやったら解放されたことになるのか不明である。そしてロシアにもネオナチはいる。[13]

一九六〇年代にアメリカが恐れた共産化「ドミノ」の懸念も、あとになってみると彼らの恐怖心が事実を見る目を曇らせただけで、周辺国にそんな兆候はなかったとされる。そうなると、もともと明確には存在しないものについて、何が達成されたらそれを「防いだ」ことになるかはいよいよ不明である。

またベトナムでは、軍事的な戦術に関してもその目的はころころ変わったようである。アーレントが挙げるのは、たとえばサイゴン（南ベトナム）政府の崩壊を防ぐために北爆を行うという目的である。実際には北爆開始の時点でサイゴン政府はすでに崩壊していた。すでに崩壊しているものの崩壊を防ぐために爆撃を行っても、その目標が達せられることはありえない。

軍事行動の目的が明確でない場合、何をどこまで達成したら戦争を終えるべきかもまた不明となる。たとえばプーチンは、電光石火の速さでゼレンスキーを追放するか暗殺するかして、元大統領のヤヌコーヴィチによる傀儡政権を立てることが当初の目的だったと言われる。しかしそれが一時的にでも達成されたとして、人口四千万を擁するウクライナの統治は容易ではなかっただろう。人口百万から二百万のチェチェンやクリミアとは違うのだ。また、そのような都合のいい展開を力を背景に実現したいのであれば、中途半端な空爆でキーウ周辺のウクライナ軍に戦力を残す当初の攻撃、六十キロ以上にわたって間延びしたまま止まってしまったロシア軍戦車の隊列など、ありえないことのはずだ。「作戦術」の発祥国とは思えないほどまずい軍事展開によって、ロシアは緒戦での圧倒的な軍事上の物量優位を自らふいにしてしまった。⒁

第四章で詳しく述べるが、ここには軍に対する秘密警察の優位というスターリン以来の伝統が関わっているように思われる。ロシア軍はプーチンとその配下の警察組織の介入のせいで、合理的な作戦術に基づく軍事計画を立てられなかったのだろう。

プーチンは、ロシアが旧ソ連の盟主であることを証明したかったのかもしれない。だとするとその発想は、世界の最強国らしくふるまうというよく分からない目標のために、ベトナム戦争の泥沼から出られなくなった当時のアメリカと、あまりによく似ている。

組織的・体系的な嘘に塗りつぶされることによって、嘘をつく人たちは誰よりも自分たちを騙すようになる。「欺瞞と自己欺瞞は相互に連結したもの」であり、「嘘つきは最後に自分自身の嘘を信じるようになりやすい」⒂。その結果、ベトナム戦争期のアメリカはどうなっただろうか。

「「火力に関して1000対1の優位」を持ちながら、六年間の公然たる戦闘で一小国を負かすことができず、国内問題も処理できず、大都市の急速な荒廃を止めることもできず、資源の浪費の結果インフレと通貨切り下げが国際貿易のみならず国内の生活水準まで脅かしているために、この国は、世界のリーダーシップを求める自己主張よりもはるかに多くのものを失う危険にさらされている」⒃。

これが、一九七一年にアーレントが「政治における嘘」を書いた時点で見ていたアメリカだった。「世界のリーダーシップ」を「旧ソ連の盟主」に変えてみると、現在のロシアはこの道をまっしぐらに突き進んでいるように見える。政治の嘘が「事実」に対して与える深刻な影響についてはこのあと見ていくが、嘘をつく人たち自身がどんな報いを受けるかについては、アーレントのこの論考が十分に語っている。

ロシアは「演習」と称して兵士たちをウクライナ国境近くに集結させ、実際には戦闘、つまり「特別軍事行動」に向かわせたとされる。また、病院（産科病院含む）、学校、劇場、民間住宅への爆撃をくり返し、街を根こそぎ破壊しておきながら、民間人への攻撃は行っていないと主張している。一カ月の占領ののち大量殺戮が明らかになったキーウ近郊のブチャでは、後ろ手に縛られて後頭部を撃たれた遺体に拷問の痕が残っていたという。全身を焼かれて井戸に投げ入れられた遺体もあった。自転車に乗ったまま撃ち殺された遺体が道路に転がり、レイプされたあと殺された女性たち、爆撃の煙に耐えられずシェルターから出てきたところを射殺された子どももいたという。これらすべてに対してロシアは、ウクライナの自作自演、あるいはウクライナ軍による攻撃であるとの主張を崩していない。[17]

アメリカは一九六一年から、飛行機やヘリコプターでベトナムに枯葉剤を撒布していた。この非人道的な行為には、マラリアを媒介する蚊を退治するためという嘘の理由がつけられていた。また、人体には影響がなく、土地への影響も一年後には消えると宣伝されていた。[18] 枯葉剤はベトナム戦争が終結する一九七五年まで撒布され、南ベトナムの広い範囲が、汚染によって、人も、土地も、すべてが枯れ果ててしまった。土壌汚染が深刻であったため影響は長くつづき、戦後も長期にわたって胎児異常などが多数報告されている。だが、ベトナムへの枯葉剤撒布を理由にアメリカが「人道に対する罪」で裁かれることは一切なかった。それどころか、米軍のベトナム帰還兵の枯葉剤裁判すら、審理で事実が公にされる前の突然の不透明な和解で終わった。(19)

三　政治の嘘と人命軽視

戦争において、侵略者の側はたくさんの嘘をつく。そしてその嘘に、自分たちも騙されるようになる。現実を直視することは、戦争遂行を妨げるからかもしれない。彼らは自分が言い出した嘘の夢のなかにまどろむことを好むのだ。だがこれは全く無責任な話だ。曖昧で壮大な戦争の大義の夢想に対して、現実に起こる人間の死など取るに足りないものなのだろうか。大国のメンツのために枯葉剤を撒かれ、森を焼かれ、農地は荒廃し、村ごと焼き払われたベトナムの人たちは、嘘によってはじまったアメリカの戦争のためだけに犠牲になったのだろうか。

ロシアの怪物的作家ウラジーミル・ソローキンは、プーチンについて次のように述べている。

彼の主なコミュニケーション手段は嘘で、自己暗示の非常に多様なニュアンスで〔嘘を〕表現する。ロシア人は、大統領の嘘のレトリックに慣れきってしまっている。(20)

拷問を受けて耳を切られて、ロシアの「濾過収容所」に連れていかれたウクライナの民間人、産院の爆撃で負傷し死んでしまった赤ちゃんと妊婦、爆撃を受けた建物の地下で生き埋めになり、あるいは食料がなくなって餓死した人たち。アゾフスタリの地下要塞で死を待っていた数百人の負傷兵と数百人の市民たち。マリウポリ近郊に穴を掘って埋められた数千人の遺体。この人たちは何のために傷つけられ、殺されてきたのだろう。政治における嘘は、現実の暴力や死から離れた場所で、政治家や取り巻き、指導者の頭のなかとインナーサークルの内部で妄想の壁を作り出す。しかしそれこそが、数百万のベトナム人を枯葉剤の犠牲にし、村を焼き討ちにし、一千万以上のウクライナ人を避難民にし、いまはまだ数すら分からないウクライナ市民を死に追いやってきたものなのだ。

日本はかつて戦争で中国人を殺し、そして満洲からの敗走では軍が民間人を置き去りにした。引き揚げの際に大勢が死に、残された孤児を中国人が育てた。これらは何のための、何を原因とする死や別れだったのだろう。日中戦争での日本軍の死者は約四十五万人、シベリア抑留者は約五十七万五千人と言われる。中国の数字は国共内戦もあって明確ではなかったが、死者約一千万人、死傷者合わせて二千百万から三千五百万という数字が中国政府によって発表されている。[21]

大規模な戦争においては、その中心部分で必ず嘘が大きな役割を果たす。日本の大本営発表もナチスのゲッペルスの宣伝戦略も、どれも嘘を武器とし、嘘によって塗り固められていた。未曾有の人的被害を世界にもたらした第二次大戦後も、政治における嘘とそれに基づく暴力は代わり映えもせずつづいてきた。その最も新しいものが、ロシアにおける政治と嘘の関係だと考えてみてほしい。ロシアはたしかに特殊な国かもしれない。しかしそこでいま起きていることは、これまでくり返されてきたことでもある。少なくとも近代において、政治と暴力と戦争は、国家による嘘、組織的な嘘を原動力として固く結びついてきたことを、歴史が示している。

最後に、ＦＳＢの自作自演を告発した元職員である、アレクサンドル・リトヴィネンコが二〇〇六年、死の二日前に残した声明から引用しておく。亡命先のイギリスで十一月初旬から体調不良により入院していたリトヴィネンコは、同月二十三日に死去した。死後体内から、放射性物質ポロニウム二一〇が大量に検出された。[22]

あなたは人の生命や自由、あるいは文明社会のいかなる価値をも尊重する意思のないことを示した。自らの官職に対しても、教養ある人々に対しても、ふさわしくない存在であることを示した。たとえ一人の男を沈黙させることに成功したとしても、世界中で沸き起こる抗議の怒号は、プーチンさん、あなたの耳のなかで終生鳴り響くであろう。

あなたが私だけでなく愛するロシアとその国民に行ったことを、神がお許しになりますように。[23]

リトヴィネンコは命を懸けて告発を行った。果たして、世界中で抗議の怒号が巻き起こっただろうか。プーチンは延命し、どんな卑劣もシラを切れば切り抜けられるという政治的学習だけが進んだ。だが、嘘つきの政治指導者を、私たちは決して許すべきでも大目に見るべきでもないのだ。政治家の嘘を黙認することは、果てなき暴力と殺人を認めることと同じなのだから。

第二章　ハンナ・アーレント——真理と政治

嘘がばれないですむのは、全体的支配の状況がすでに日常生活を蔽ってしまい、プロパガンダなどというものが不必要になってしまったときだけである。

ハンナ・アーレント(1)

一　嘘と強弁と陰謀論の宝庫

二〇二二年四月十一日、ＴＢＳ「報道特集」で駐日ロシア大使ガルージンが取材を受けていた。(2)このときの彼の発言には、驚いた人も多かったはずだ。ジャーナリストの金平茂紀がブチャの虐殺について質問すると、ガルージンはそれをウクライナによるでっち上げだと明言した。さらに、ロシア大使館が準備した「ブチャ市の真実」という動画もその場で見せていた。ガルージンは、この動画が撮られたロシアが町を支配していた時期に、ブチャの路上に死者はおらず、このあとブチャに入ったウクライナ軍が自作自演で、世界に公開された虐殺遺体の動画を撮影したと主張した。(3)驚くべきは、虐殺そのものを否定するのではなく（遺体の存在からそれは難しいと判断してのことだろう）、ロシア軍はブチャの市民を殺していないと述べた。これは暗に、ウクライナ軍がロシア軍に罪を着せるために、ブチャの市民を大勢虐殺したと言っているに等しい。

三十年近く外交に携わってきた第一級の外交官であるはずの駐日ロシア全権大使が、ウクライナ軍が自国の無実の人々を虐殺した、それも敵国軍が去った後、その仕業と見せかけて国際世論に訴えるために暴行と虐殺を行った、と主張したのだ。その根拠は、それが「ロシア軍の発表だから」だという。さらにガルージンは、ジャーナリストの仲間（日本人）が現地で取材した内容を信じたいという金平に対して、「どうぞ信じてください。私は信じていません」と言い放った。そして「われわれが攻撃しているのは軍事施設だけで民間施設ではない」、攻撃は「ウクライナ軍が軍事拠点としたから」、被害者は「ウクライナ政府の無責任な政策の犠牲者」であるとした。最後には、西側流の民主主義の「推定無罪」の原則まで持ち出して、日本によるロシアの外交官追放を批判した。

また、仙台市のインターネットセキュリティ会社 Sola.com の調査によると、ウクライナ侵攻を正当化するネット上に流布する情報が広がる起点として、在日ロシア大使館のアカウントが役立ってきたという。在日ロシア大使館アカウントは、世界に百近くあるロシア政府公式アカウントのうち最も影響力あるものの一つとなっている。在日ロシア大使館のプロパガンダは、ロシアの政府系メディアのアカウントが欧米などで配信が禁止されるなかで、政府公式ツイッターを使ってロシアに都合のいい情報を流布するという、一線を越えた行いであると見られている。(4)

ブチャでの虐殺が明らかになり、それに似た行いが他の場所でも疑われるようになると、ウクライナ政府の停戦交渉への姿勢は急速に硬化した。こんなことをされたら、外交上の譲歩などとてもできないだろう。ロシア軍の猛攻で悲惨なことになっているマリウポリでも、すでに三カ所の集団墓地が衛星で確認されている。数千人単位の遺体が埋葬されているとみられる。(5)

ロシア大使の発言は、激しい嫌悪感とともに何かが崩れ去る感覚を与える。それは、政治にはつねに嘘がつきものだという レベルを越えている。多くの人命がかかった出来事における政治的な嘘は、人の命を別のものの代償とし、いざとなれば平気でそれを差し出す、または奪うという、道義上許されない事柄を含んでいる。そうした嘘をあからさまに、明らかに辻褄が合わないままに強弁し、しかも日本語でそれを聞かされるのはショックが大きい。嘘に対して驚きあきれ、発言者の人間性を疑うだけではない。自分が立っている足元が揺らぎ、人が生きていく上で強固であったはずの道徳的な地盤が崩れ去るような感覚に襲われるのだ。

自国の兵士が行った隣国の市民への残虐行為を否定し、あなたはそれを信じればいい、私は自分の国の発表を信じるから、と外国のニュース番組で言い放つ公的な要人は、社会の道徳的な基盤を揺るがし、掘り崩して腐らせてしまう。これは、「この世界に本当に起きたこと」と「起きていないこと」の区別が失われてしまうことへの恐怖からくるものだ。ある事柄が起きたかどうかが政治的立場次第で変わるとしたら、果たして私たちはこの世界に生きつづけることができるだろうか。

もちろん、ロシア政府の公式見解を信じる必要はない。だが、ある出来事があったかなかったかが、私の意見とあなたの意見の相違であって、いつも対等な両論併記の対象になってしまったらどうだろう。私たちはふだんから、「そうは言ってもどこかに真実があるはずだ」と思っており、だからこそこの世界に根を張って生きていられるのではないか。たとえロシアがブチャの虐殺はなかったと言っても、多くの証拠はその詭弁を許さないだろう。ベトナム戦争に勝てると信じさせつづけたアメリカ政府は、やがてそれが嘘であることを認めざるをえなくなった。柳条湖事件が関東軍の自作自演であったことは、戦争が終わってみれば争う余地のない事柄となった。戦時中の日本人は、政府のプロパガンダにだまされていただけなのだ。

このように、権力者がいくら消し去ろうとしても「歴史が真実を明かす」「証拠と裁判が本当は何が起きたかを明らかにする」といった期待があるから、私たちは日々常識・良識を働かせてこの世を生きることができる。またたとえ十分明らかにならないとしても、「本当に起きたこと」は意見や解釈とは別に存在している、あるいはたしかに存在したはずだと信じるから生きていられるのだ。

ここでは、「本当にあったこと」をどの範囲で確定できるかが問題なのではない。虐殺の規模、その主体、そして意図や経緯などの詳細については、際限ない解釈の対象として開かれざるをえない。そういうことではなく、出来事として何かが起きたか起きなかったか、その大きな枠組みとしての存在／不存在はやはり確定できるという、私たちの事実に対する「信念」「期待」「想定」が問題なのだ。それが定かでなくなった世界は、人が人として生きることができない世界ではないだろうか。

二　ヒューム的な「人間の条件」

これは私の語彙の範囲では、とてもヒューム的な考え方だ。デイヴィッド・ヒュームは徹底した懐疑論者で、明日東から陽が昇るかどうかは誰にも確言できないとした。ある日突然西から陽が昇ったら、人々はそれを受け入れるしかないのだ。しかしその一方で、私たちは毎日東から陽が昇る経験をしつづけている。だからその経験、裏切られたことのない事実の積み重ねに基づいて、明日も東から陽が昇るだろうと信じて生活している。

たとえばここに屁理屈の好きな人物が出てきて、「私は明日東から陽が昇ることを信じない」「これから先も東から陽が昇るとは思わない」と主張するとする。そしてその理由は、明日も同じことが起きるという根拠を、最終的には誰も示せないからだという。物理法則を持ち出すとしても、同じ法則が明日も通用するかどうかは分からない。これに似た理屈は、いろいろな場面で言うことができる。昨日のあなたと今日のあなたが同じ人だと思わないと主張する人、うちのネコが一日中丸くなって寝ているのは今日までで、明日は朝から家の掃除をするかもしれないと言う人など。

私がここで注目したいのは、こういった荒唐無稽な主張そのものではない。そう主張している当人が、どのように行動しているかの方だ。ことばで何を言ったとしても、明日も東から陽が昇ると仮定して、また明日もネコは丸くなって寝ていると想定して、成人した息子が翌日赤ちゃんに変わっていることはないと想定して、人は行動しているという点だ。それと同じように、真実は解釈次第だと思ったり言ったりしている場合であっても、過去について、そして現在について、私たちは起こった事実、起こりうる事実とそうでないことがあると想定して生きている。この想定が、時間と空間の有限性のなかに閉じ込められて生きるしかない、人間という存在の条件をなしているといえる。

ヒュームは、人間の存在のあり方について、一方で「思考実験」としてはかなり危ういところまで、つまりあらゆる根拠が砂のごとく崩れ去る世界の想定にまで進む。他方でそこから一旦下がって周囲を見渡し、人の日常が、こうした極端な思考をする人も含めて、実際にはどのような想定の下で成り立っているかを考慮する。いわば非常識と常識の往復運動によって、ヒュームの思想はとても強靭なものになる。そしてこうした思考運動のプロセスを通じて、ヒュームは人の知と信念について、ふだんは意識されることのない安定した地盤の存在を示す。

以下では、こうした意味での「事実」の所在について、危機の時代の思想家、ハンナ・アーレントをふたたび参照しつつ論じたい。アーレントが事実について語っていることは、人間の存在可能性の条件について、哲学的立場が全く異なるように見えるヒュームと、共通性を持つように思われる。そして彼らが指し示す生の地盤は、私自身がこの間「ロシアの嘘」を目の当たりにしてなぜこんなにも動揺したのか、そのことに関連している。ここで取り上げるのは、「政治における嘘」に先立って一九六七年にニューヨーカー誌上に発表された、「真理と政治」である。(6)

三　真理と世界の存続

「真理と政治」におけるアーレントのテーマは、真理と政治は仲が悪いのではないかというものだ。彼女は、このテーマはありふれているものの、誰もそれについてわざわざ論じてはこなかったという。もちろん、政治には嘘がつきものだというような話は、長らくいろいろな論者が取り上げてきた。君子たるもの正直であるべきなのか、それともよき統治のためには嘘も必要なのかといった統治者の資質の問題も、古今東西の「君主鑑」でくり返し考察されてきた。

だが、政治と真理は本来的に折り合いが悪いというテーマは、「政治における嘘」の是非論とは別個に取り上げられるべきものだ。ここでは、嘘をつくことや正直であることではなく、真理自体の在りか、この世界に真理が存在する位相こそが主題となる。ところがそれは取り立てて注意深く考察されてこなかった。これが、アーレントが「真理と政治」を書いた動機である。

アーレントはこのエッセイの冒頭で、真理という理念が成り立たない世界は存続しえないという。彼女のこの主張がこれまでどのように理解されてきたかは分からない。だが、第一章で述べたことを思い出しつつウクライナでの戦争の現状を考えると、真理がたしかに存在するのかどうか、それが存在するとして、嘘によって駆逐され取って代わられてしまうようなものなのかが、どれほど重要なテーマかは明らかだ。

アーレントは例によって、独特の現象学的な用語で語る。

> 問われているのは存続、存在の持続(7)（in suo esse perseverere）である。しかし、死を免れえない人間の短い寿命が尽きた後も存続する定めにある人間世界といえども、ヘロドトスが最初に意識的に企てようとしたこと、つまり「存在するものを語ること《レゲイン・タ・エオンタ》」を進んで行う人びとがいなければ、およそ存続できないであろう。存在するものおよび存在するがゆえに人間に対して現象するものを、進んで証言する人々がいなければ、永続性や存在の持続は考えることさえできないのである。(8)

アーレントはここで、この世界が存在しつづけることの条件として、存在するものがたしかに存在すると証言する人々がいることを挙げている。彼女がこうした例として古代ギリシアの歴史家ヘロドトスを挙げるのも、ヘロドトスが彼の生きる時代に起こったことを、見て回り、聞いて回って書き記そうと企てたからである。アーレントの場合、書き方がかっこよすぎて分かりにくいのだが、たとえばこれは、「ブチャでたしかに虐殺があった」ことを、それが真理であるが故に証言する人がいることを意味する。虐殺があったかなかったかが、「あなたはあなたの信じたいものを信じ、私も私の信じたいものを信じる」という意見や見解、政治的立場の相違に格下げされてしまったら、世界は存在しつづけられないだろう。これは私が駐日ロシア大使の発言に驚愕し、足元の地面が崩れてしまうような衝撃を受けた、その理由と通底する認識である。

真理は意見の相違とは別の次元にたしかに存在し、そしてそれを、真理であるが故に証言し証拠立てる人たちがいる。このことが、人間が人間として世界に場所を占めるために、なくてはならない条件となっているのだ。

だが一方で、証言者となること、つまり真理を語ることには危険が伴う。それは主に政治的な危険である。まず、世の権力者のなかには、真理を語られたくない人たちが大勢いる。モスクワのアパート爆破がロシアの秘密警察の仕業だったら都合が悪い人たちがいる。それについての証拠を知ってしまい、証言を企てた人たち、あるいはその人たちの手助けをして真理を追求した人たちに生きていられては困る。というわけで、彼らは毒殺や銃殺のターゲットとなり、嘘を守るため実際に（事実として）殺されることになる。

さらにアーレントは、こうした意味での真理への攻撃が、必ずしも権力者によってではなく、「洞窟」で夢を見ることに慣れた共同体のメンバーによって行われると指摘している。「ひとたび彼〔真理を語る者〕が同胞の市民を虚偽や幻想から目覚めさせ、自分の語ることを真剣に受け止めるように強いるならば、彼の生命は危険にさらされた」[9]。ここでアーレントは、プラトン『国家篇』の著名な洞窟の比喩のくだりを想起し、次の疑問を提起する。洞窟で安寧な暮らしをしている人々は、なぜ欺瞞や虚偽を好み、真理を語る者を敵視して生命さえ奪おうとするのか。

洞窟の比喩はプラトンにおいて、真理＝イデアに向かわず幻影に惑わされている人間の偏見状態の一つである。洞窟に囚われて後ろに松明の火が燃えている場所にいる人々は、壁に映った自分たちの影を実在と勘違いしている。影しか見たことがないので、実在を知らないのだ。実在ではなく影だけを追う人々。だが彼らは、たとえ洞窟を出たとしても真理＝イデアの眩しさに耐えられないだろう。だからこの人たちは、洞窟に留まることで安心して暮らすことができているともいえる。

アーレントはここで、真理が敵視される理由を何も語っていない。問いかけだけがなされ、後ろを読んでいっても、答えがどこに書かれているかは判然としない。だが洞窟の比喩を思い出すなら、アーレントが考えている答えのヒントが得られる。このあと彼女自身が何度も指摘するように、欺瞞や虚偽は心地よいのだ。嘘をつく者は聴衆に耳ざわりよく、本当らしい虚偽を吹き込む。そして人々は、不意打ちしてくる飾りのない真理より、心地よい嘘を好むのだ。権力者が自分たちの聞きたいことを吹き込んでくれるなら、それを信じる方が、眩しくて目のくらむイデアの世界にわざわざ出ていくよりましなのだ。[10]

「あなたたちは虚偽に閉じ込められている」と言って真理を告げようとする者、心地よいまどろみから目覚めることを呼びかける者は、彼らにとって迷惑でしかない。自分たちを攻撃する敵ですらある。だからこういう厄介者には、その存在を消し去ってでも黙っていてもらいたいのだ。

「ロシアの人々も、明らかなプロパガンダを流布する政府系メディアの言うことを疑うはずだ。経済制裁によってロシア人は自分たちの誤りに気づいて政府に反感を持つに違いない」。こうした戦争初期の西側からの期待が裏切られたのは、ロシアのプロパガンダが長年にわたって人々に植えつけてきたものの重みと、虚偽にまどろむことの心地よさについて理解できないほど、私たちが無邪気な真理観しか持ち合わせていなかったからだろう。そういう私たちもまた、真理についての警告を聞かず都合のよいものだけを見せる洞窟にまどろんできた、「イドラ」の住人に他ならない。洞窟が見せる影の形がロシアとは違っていただけだ。

四　「事実の真理」の居場所はどこか

アーレントはここから、「理性の真理」と「事実の真理」というライプニッツの区別を導入して議論を進める。真理と政治の関係を論じる上で彼女が問題にしているのは、後者の「事実の真理」である。「理性の真理」とは、たとえば幾何学の公理や算術の規則を指す。これが厳密な意味で存在するかどうかは、現代の科学からするとはっきりしないかもしれない。しかしそれはライプニッツからヒュームにかけての時代（十七～十八世紀）までは自明であった。ライプニッツはカトリックの客観主義者であったから、人間がすべて死滅してそれについて考える存在が地上から消え去っても、幾何学の定理や物理法則が存在しつづけると考えていた。というより、そうした不滅の法則そのものが神であると捉えていた。世界のロゴスは、人間の存在／不在とは無関係に存続しつづけるのだ。(11)

こうしたロゴスの永続性に対して、人間が生きるこの地上世界で起こることは、永遠不滅ではない。それは、人間がそのなかに生きる世界という有限性の内部に閉じ込められている。そのため、ある出来事は起こることもあれば起こらないこともある。アーレントが問題にしているのは、こうした「事実の真理」について、それらがすべて「意見」の問題であるかのように扱われたり、人々の気に入らない場合には黙殺されたりすることである。

ここにはプラトンの時代からの古い区別、つまり恒久不変のイデアあるいはエピステーメ＝真理と、有象無象の人間たちが集まる「市場」や集会でのみ通用する意見（ドクサ）との区別が関係している。さらにアーレントは、事実の真理が恒久不変のイデアとは異なり、「本性上政治的」であることに注目する。これはプラトンの時代における真理／意見の二分法に対して、理性の真理＝イデアとは別の、事実の真理という、理性の真理でもないが単なる意見でもない第三の存在に注目する立場である。プラトンの時代には、理性の真理／事実の真理／意見という三区分は成り立たない。それは、イデアが現在でいう倫理や道徳（正義と徳）に関連する事柄も含みこんだ広い概念であったことと関係している。ざっくりいうと、近代科学が成立する際（つまりライプニッツの時代）、真理は絶対確実な理性の真理と、偶然性のうちにある事実の真理とに二分されたと考えてよい。(12)この部分は理解が難しいが、「真理と政治」における彼女の主張の要点なので、少し丁寧に見ていこう。

アーレントは、事実と意見の相違について、次のように述べる。「事実は意見の糧であり、意見はさまざまな利害関心や情念によって活気づけられて大いに異なりうるが、事実の真理を尊重するかぎり正当でありうる。事実に関する情報が保証されず事実そのものが争われるようになるならば、意見の自由など茶番である」(13)。つまり「事実」はここで、「意見」が依拠する何らかの確実性を有するものと想定されている。

こうした主張は、一見すると非常に素朴な客観的事実の実在論に見える。「起きたことは起きた」という立場だ。だが、アーレント自身も言っているように、たとえば歴史学において、「解釈なしに事実を確認することが不可能」であることはよく知られている。このことをどう考えればいいのか。たしかに、歴史の事実は解釈次第でさまざまに受け取られる。歴史の意味理解が解釈者の立ち位置や興味関心に強く規定されているという意味で、「すべての歴史は現代史である」と認めることもできる。

しかしアーレントは、こうしたある種の相対主義や歴史における解釈一元論に、ここでもう一度反駁する。歴史がさまざまに解釈されるからといって、そのことが「事実と意見や解釈との境界線を曖昧にすることを正当化したり、歴史家が好みのままに事実を操作する口実として役立ちうる」(14)わけではないのだ。たしかに解釈は事実の上に構築されるが、事実そのものに手を触れて好きなように作り変えることはできないのである。

アーレントはこうした「事実」の例として、一九一四年八月四日にドイツ軍がベルギー国境に侵入したことを挙げる。これは晩年にクレマンソーが第一次大戦勃発の原因について尋ねられ、将来の歴史家が「ベルギーがドイツを侵略した」とは言わないだろうと答えたという逸話から取られた例である。アーレントは他にも、ソ連ではトロツキーという革命家がいなかったことになっているという奇妙な例も挙げている。これは当時西側で周知の事柄だったようだ。だがたとえソ連公式の歴史ではトロツキーがいないことにされたとしても、その存在を完全に抹消するには大変な苦労がいる。いた人をいなかったことにするのは、記録が残る社会では難しいからだ。ソ連当局はトロツキーの書いたものを党のアーカイヴから削除したり、レーニンと一緒に写っている写真を破棄したり、大忙しだったようだ。

太平洋戦争のはじまりについて、アメリカが日本に仕掛けた真珠湾の奇襲攻撃が原因だと言ったり、第二次大戦のはじまりは一九三九年のポーランドによるドイツとソ連への侵攻だと言うことなども、とても考えられない。それはなぜなのか。そこにはやはり、歴史上の「事実」の存在が控えている。そして、ある事柄、たとえばドイツのポーランド侵攻とそれにつづく宣戦布告が事実であるということは、アーレントによって単なる意見や多数者による説得とは違った次元で捉えられている。ここはとても重要で、「それもありうる意見の一つではないか」「人は別の意見を選び取ることもできるはずだ」と理屈をこねて反論する前に、読者一人ひとりが内省と反芻によって、こういった事実の所在についてよくよく考えてみるべきであると、アーレントは言っているのだ。

事実は多数決によって決まるものではないし、多くの人が信じるから事実になるのではない。その意味で、真理は「民主的」ではない。それは政治的な利点や多数者の意見によるのではないという意味で、政治の外部にある。ロシアにとって都合が悪いということと、ブチャで虐殺が起きたということとは無関係である。虐殺は起きたか起きなかったかのいずれかでしかないのだ。

しかしここでさらに厄介なのは、事実というのが必然性とは全く関係がない点だ。ある事柄はつねに、それが起きなかった場合を十分に考えうる。私は今朝六時半に起きたが、十時半に起きることだってありえた。「物事が生ずるとは、本来、所与の状況に内在する他のすべての可能性が締め出されるということ[15]」なのである。可能性としては、他にも無数の出来事が起こりえた。だが起こったことは一つなのだから、可能性にとどまっていた多くの出来事のなかから、一つの出来事が実際に起こることで、その出来事は「他のすべての可能性」をリアリティによって締め出してしまったということになる。リアリティによって締め出すとは、なかなかにいい表現だ。

つまりここでリアリティとは、偶然に満ちた世界にあって、他の可能性を押しのけて実際に生じた事柄によって構成されている。ところが、こうした世界像に抗う歴史の捉え方がある。それが「歴史哲学」という奇妙な系譜だ(と私は思っているが、大好きな人や知らないうちにそれを支持している人も多い)。歴史哲学は、歴史を必然性の意味論のうちに搦めとる。たとえば歴史哲学者は、ヘーゲルのように歴史とは精神の旅であると言ったり、マルクスのように歴史とはプロレタリアの解放へと至る長い道程であると言ったりする。歴史哲学は歴史をいつも後からふり返る。そうすると、過去はすべて現在につながり、特有の意味を担うことになる。そこから改めて、過去のすべて、現在のすべてを、未来の「目的」という観点から意味づけなおすのだ。

ここでアーレントが言っている事実の偶然性は、こうした歴史哲学的思考に真っ向から対立するものである。その意味でアーレントは、歴史の目的論を自由にとって危険なものと見なしたカントの系譜に立っている。そもそも誰かが勝手に設定した歴史の目的の観点から、現在がはらむ偶然性が消去されるのはとても危険だ。カントは自身の哲学に、他の人格を除いて目的の契機が一切入り込まないよう警戒していた。かつてカント主義者が「国家主義」に強靭な抵抗力を示したのは、カントの哲学そのものの成り立ちと結びついているように思われる。国家主義者にとっては国家が目的で、それ以外の要素、たとえば個人の自由や権力への抵抗は目的にとって邪魔になれば排除される。「国家」のために働く人々がそこで躊躇しないのは、目的と大義があるからなのだろう。国家の大義と比べれば、一人ひとりの兵士の命は取るに足りないものである。侵攻地域の住民はすべて、目的実現への潜在的な抵抗者であり敵である、などなど。カントの哲学はこうした目的―手段関係と他者の手段化を許さない。

つまり、事実は起こることも起こらないこともありうる（事実の偶然性）。それと同時に、ある事実がたしかに起こる（事実の確実性）。偶然でかつ確実とは矛盾した表現のようだが、時間と空間という有限性のなかに生きる人間にとって、これ以外の事実の存り方は不可能である。神にとってなら、両立できないはずの無数の事実が同時に起こることや、ある事実が起こったとともに起こらなかったという事態もありうるのだろう。無限においてはすべてが可能なのだから。だが、人間という有限な存在にとっては、過去の出来事は偶然に、しかし確実に起こった事柄としてあらわれるのだ。

一九五九年、アメリカ、カンザス州でペリー・スミスとリチャード・ヒコックがクラッター家に押し入ったとき、一家を殺す気などなかった。しかし、この家にあるはずの金庫も現金もなく、ヒコックが以前同房の囚人から聞いた美味しい話は明らかにでたらめだった。そして重なる偶然によって、彼らは四人を惨殺した。殺したことは必然ではない。しかしそれは確たる事実である。トルーマン・カポーティが、スミスへのインタビューを元にノンフィクションノベル『冷血』[16]を書いたことで、殺人の顚末は広く知られるようになった。

五　嘘が事実を凌駕するとき

事実はそれが社会に広く受け入れられている間は、ほとんど政治的な意味を持たない。当たり前のことは当たり前なのであって、とくに注目される理由も動機もないからだ。だが、ひとたび嘘が社会を支配しはじめると、そうした嘘に対して真理を語ること自体がある種の政治的行為となる。そうなると、真理を語る人は大変な目に遭う。嘘は人々の意に沿うような甘言として人に取り入るのが上手いので、無愛想で冷厳な真理は嘘ほど人気がないからだ。

こうした甘言としての嘘を、組織的なイメージ作りに生かすのがメディアである。アーレントの時代にはそれはマスメディアだったが、いまではソーシャルメディアもこうしたイメージ作りに大いに貢献している。こうして組織的な嘘は、それを「否定しようと決断したすべての者の破壊」[17]に向かう。「イメージ」としての政治的な嘘は、それを破綻させる要素を徹底して抑圧し、暴力によって抹消しようとする。ロシアはウクライナを解放するためにネオナチと戦っている。だからロシア軍に殺されたのは、たとえ民間人を装っていてもすべてネオナチ政府の戦闘員である。この主張がどこかおかしいと思っている人がロシアにどのくらいいるかは不明だ。だが「戦争反対」と言明した場合だけでなく、白紙を持って通りに立っているだけで逮捕されるくらい本気で、ロシア政府が異論封じに懸命になっていることはたしかだ。(18)

そして、嘘が嘘を呼びどんどん膨れ上がっていくと、その嘘に、嘘をついている人間自身も騙されるようになる。こうして「組織的な嘘」は、事実に小さな裂け目をもたらす「個別の嘘」のように作用するのではなく、事実によって編まれる現実の網の目とは異なった「もう一つ別のリアリティを制作する」(19)ようになる。こうなると、嘘は敵に向けられた意図的なもの（嘘をついている側は嘘とまことの違いを自覚している）から、自分たちに向けられた事実の代用品（自分でもどこからが嘘か分からない）へと変質してしまう。

ここまでくると、もはや外部にいる敵が何を言おうと無関係である。というより、「国家間の対立や集団間の抗争が国内政治の舞台にはね返る」(20)のが現代政治の特徴となる。つまり、外国との敵対関係や国家内集団の諍いは、国内における自己欺瞞と嘘のために利用されるのである。ウクライナは欧米諸国の手先になり下がってロシアに挑発行為を行っている。クリミア、ドネツク、ルハンスクの住民の多くは、ウクライナからの独立を望み、むしろロシアの一部になりたがっている、などなど。

こうした嘘が「全体主義の統治や一党独裁制のような比較的閉じたシステム」で機能するようになると、「リアリティと真理の衝撃からイデオロギーとイメージを防御する」ために、記録の頻繁な書き換えが行われる。トロツキーの例に見られるように、存在した人の残した痕跡を消し去るには、大変な努力とたえざる記録の修正が必要になるからだ。「情勢が変わるごとに次々と歴史書を書き換え、百科事典やレファレンス・ブックのページを差し替え、ある人物の名前を消して以前は無名であるかほとんど知られていなかった別の人の名前に書き直す」[21]には、多くの人手と包括的な情報管理が不可欠になる。[22]

そんなおかしなことをやっているうちに、そもそも何が本当に起きたことだったのか分からなくなってくる。これはオーウェルの『動物農場』[23]の動物たちが、頻繁な規則の書き換えと独裁者による巧みな嘘の吹き込みに慣れてしまい、動物たちの自由と平等のための「七つの掟」をだんだんと忘れていくようなものだ。『動物農場』の展開は、はじめは自由と民主主義を信じているように見せていたプーチン政権の道行きとよく似ている。

私は、オーウェルとアーレントが説得力を持ってしまう時代は、二十世紀の遺物だと思っていた。つい最近まで「監視社会論」という研究領域では、「オーウェル的監視」は古い、いまは『一九八四』[24]のビッグブラザーのような頂点や中枢を持たない、リゾーム型（？）監視の時代だ、といった威勢のいい議論がなされていた。ＩＴとＳＮＳが主力となる監視社会は、オーウェルの悪夢の再現ではなく、もっと分かりにくく可視化も自覚もできないようなふんわりとした監視の網目の世界だと言われてきた。

しかし、いま起こっていること、ロシア国内およびロシアから関心を向けられた周辺の国（「兄弟国」にされた気の毒な国々）でこのところ起こっていることを知ると、考えを改めないといけなくなる。全体主義の怖ろしさを生涯を懸けて明らかにしようとしたアーレントと、秘密警察と監視国家による洗脳の恐怖を表現しつづけたオーウェルが説得力を持つ時代が再びやってくるとは。とても悲しいことだが、世界中で独裁国家が勢いを増している今日、私たちは古典的な恐怖政治や全体主義の心理戦を、もう一度学び直さなければならないのだ。

話を戻そう。では『動物農場』のような世界で、人間はどうなるだろう。そうした社会では、嘘はかつて真理が占めたはずの場所を占めるのではない。もっと深刻なことに、「われわれが現実の世界において方位を定める感覚」そのものが破壊されてしまうのである。これが、駐日ロシア大使の発言を聞いた際、私が襲われた足元が掘り崩される感覚の正体だった。「徹底的に嘘を語ることは、……われわれの足元から地面を取り去っておきながら、その上に立つことができる別の地面を提供しない」(25)のだ。

事実は偶然的な性質を持つ。それは有限なるこの世界において物事が生起する存在論的な在り方に起因している。そのため事実から偶然という特性を取り去ることはできない。そうでなければ歴史哲学の目的論に陥ってしまう。そこでは膨大な人命の犠牲も、歴史の目的のために正当化されかねない。いまのロシアからふり返ったとき、私にはマルクスとレーニンにここに至る兆候がなかったとはとても思えない。プロレタリアートの解放のためには前衛党支配が必要で、前衛党支配のためには誤ったイデオロギーの持ち主をパージすることが必要で、異分子を取り除く最も確実な方法は粛清で、粛清のためには秘密警察が必要で……となる。その果てが、ロシアで連綿とつづいてきた信じがたい暴力だと考えると、歴史の目的論の恐ろしさが分かってくるだろう。(26)

事実は、起こることも起こらないこともありえた。だが他方で、すでに起こった事実は過去に属する。そのため現在の誰かが書き換えたり消去したりできない、いわば手の届かないところにある。その意味では、ある事実が起こったこと自体はたしかに偶然的だが、一方で起こった事実は起こらなかった無数の可能性を押しのけて、過去に特定の場所を占めている。その観点からするなら、事実は揺るぎなく確実に存在している。しかしこうなると、事実というのはたしかに存在する反面、いかにも危うく脆い場所にしか存在しえないということになる。これがアーレントが「真理と政治」で明らかにした、事実の存立の在り方だった。

アーレントにとって、政治はこうした事実の拠って立つ基盤の脆さを直視するという困難に立ち向かわなければならない。それは一方で、事実が偶然的であることを利用して、勝手に作り変えたり嘘に置き換えてはならないということである。他方で、個々の事実が何らかの必然性の過程の一部でしかなく、過去も現在も未来もすべてある目的に向けた一つのプロセスであるといった歴史観に屈してはならないことも意味する。偶然の抹消は自由の抹消であり、理由を欠いた存在の否定である。そして往々にして、人間が考えつく存在の理由など独善的なものにすぎず、他者を抑圧し否定することに行き着く。アーリア人は人類の希望のために存在している。劣ったユダヤ人には存在理由はない。大和民族は五族協和の頂点に立つというように。

六　証拠と証言の近代史における「事実」

以上見てきたようにアーレントは、真理が「嘘をつく」という人間行為の次元とは異なった場所にあると捉えている。だが一方で、真理が人間たちに（アーレント＝ハイデガー風に言うと）「己を開く」

には、それを誰かが他の人に伝えることが必要である。もしかしたら、事実の真理もライプニッツにとっての理性の真理と同じく、どんな記録にも残らず誰にも記憶されないままであっても、たしかに存在するのかもしれない。だがアーレントがここで問題にしているのは、人間たちが共存する世界における真理の所在である。というより、アーレントのどの作品においても、人間たちが共に暮らす政治的世界だけが彼女の考察対象となっている。とりわけ「真理と政治」において、アーレントが政治的な営みとの関係で事実の真理を取り上げている以上、真理は誰かによって他の人々に開示される必要がある。

真理を開示するのは、アーレントの記述を見るかぎり、政治の領域の外に位置する証言者である。具体的には、哲学者、科学者、芸術家、歴史家、裁判官、現地調査をした者、報告者、ジャーナリスト、そして詩人や物語作者、小説家などがここに含まれる。もちろんこうした「職業」に就く人すべてが、誠実な証言者であるわけではない。しかし少なくともアーレントは、彼らに真理の証言者としての役割を託している。

だが、ここでなぜ彼女は、客観的なモノや事実としての「証拠」ではなく、それを語り出す「人」にこだわっているのだろうか。アーレント自身はここで、事実の真理を証言とほぼ排他的に結びつける理由を述べていない。だが、事実の真理を語る上で、証言ではなく証拠が重視されるべきだと考える人は多いだろう。証言は「時間」という試練に対して脆弱に思われるからだ。時間が経って記憶が薄れたらどうなるのか。断言していた証人が前言を翻したらどうするのか。対立する複数の証言が出てきて、それらを調停することができなかったらどうか。これに対して、証拠、とくに物証は証言に特有の曖昧さを免れているように見える。

ところが歴史的に見ると、私たちがいま「確たる証拠」と考えるような「物証」なるものが、それだけで独立して重視されるようになったのは、近代になってからなのである。その前はどうなっていたかというと、真理は証言によって明らかにされ、保証されていた。そして証言から物証へと証拠の重点が移り変わっていく過程は、近代科学が制度上成立する過程と並行している。その果てが「エビデンス」全盛の現在であると言ってよい。エビデンス・ベイスド・メディシン（ＥＢＭ）、エビデンス・ベイスド・ポリシー・メイキング（ＥＢＰＭ）など、エビデンスということばの歴史もその存立根拠も問われないまま、「エビデンス」は日本語としても濫用されている。[27]

だがそうなると、証言と真理を特権的に結びつけて捉えるアーレントの議論は、古すぎるということになるのだろうか。これについては慎重に検討する必要がある。というのは、証拠はやはり誰がそれを提示するのか、誰が証拠と認めるのかという問いを、再度招き入れるからだ。また、アーレントの「証言者」は、政治との関係で位置づけを与えられ、独特の存在理由を持っている。このあたりを明らかにするために、ここではアーレントをしばし離れて、証拠と証言の概念史、あるいは科学認識論的な観点からのその歴史をたどっておきたい。それによって、証拠と証言の歴史のなかにアーレントの証言論が位置づけ可能になるからだ。

七　心霊術における証拠

証拠と証言の思想史は、一九七〇年代頃から少しずつ研究されるようになった。きっかけの一つが、イアン・ハッキング『確率の出現』[28]の出版であったことは間違いない。ハッキングは帰納的推論の哲学から出発した哲学者だが、これまで述べてきたことと関連づけるなら、ライプニッツが理性の真理とした絶対確実な知とは異なった、もう少し「低級な」知の在り方にずっと関心を持っていた。そしてこの関心は、確率・統計が対象とする「起きたり起きなかったりする」事柄への興味、また現に起こったことの集積から命題の一般化へと至る、帰納的推論への興味とつながっている。ハッキングからすると、起きることもあれば起きないこともある事柄に関する知は、帰納的推論や確率・統計とともに進展してきた。さらにそれは、近代科学において「実験」「観察」「再現可能性」などを重視する一連の知の装置の設定（たとえば実験を行う科学者の訓練の標準化）によって展開してきた。

近代科学が幾何学のような「演繹の知」だけではなく、大がかりで怪しげな実験装置によるパフォーマンスから形づくられ、その意味で科学（サイエンス）と技術（アート）は近代の出発点から一体であったことは、『リヴァイアサンと空気ポンプ』[29]のような科学史的著作において取り上げられてきた。また、たとえば錬金術から化学への展開についても多くの研究があり、十九世紀にもチャールズ・サンダース・パースの神経科学的実験など、さまざまな実験によって科学的知が形成されたことが知られている。

ではこうした科学の展開において、証言と証拠の関係はどうなっていただろうか。ここでの論述の主題からあまりにかけ離れた詳細に入り込んでしまうといけないので、以下は概略のみ記述する。

ハッキングは、現在通用しているような意味での物証と証言との区別は、比較的新しいものだと指摘している。それは十七世紀に、ポール・ロワイヤルの『論理学』のなかではじめて明記されたという。[30]ではそれ以前には、証拠と証言の扱いはどうなっていたのだろう。

たとえば「奇跡が起こったかどうか」は、中世神学においては大きなテーマだった。ある奇跡が起こったと報告がなされた場合、その真偽はどのようにして決められたのだろう。ハッキングは次のように言う。「証言は証言者によって支えられ、権威は古代の学識によって与えられる。人が証言と権威という証拠を与えるのである。かつて〔近代以前に〕欠けていたのは、事物によって与えられる証拠だった」[31]。「証言と権威が第一次的なものであり、事物は、それが観察者という証言者と書物の権威に類似する場合にかぎり、証拠と見なすことができた」[32]。

簡単にいうと、偉い人が言ったこと＝偉い人の証言が最も重視される証拠だったのだ。これに対していまでいう物証は、権威ある証言者の言うことを補完し、それに逆らわない範囲で認められるにすぎなかった。また、証言者の社会的立場によって証言の重みが異なり、たとえば一介の農夫の証言は無価値に等しかった。これに対して、領主や高位聖職者の証言はきわめて重視された。さらに書物にも大きな証言能力が認められており、権威ある著者、たとえばトマス・アクィナスの書いたことには高い証拠能力があった。

近代はこうした意味では、証言を物証へと置き換えた時代である。たとえば有名なロバート・ボイルの空気ポンプ実験では、真空を作り出す大がかりな装置を制作し、そこで得られた結果を物的証拠として提示した。真空があるかないかについて、古今の権威が語ってきたことなど、ここでは何の価値も認められていない。古い権威は目の前の実験に取って代わられたのだ。

ところがこれで一件落着ではなく、話は一直線に証言から物証へと入れ替わるわけではない。このあたりの複雑怪奇な歴史について待望の研究書、松村一志『エビデンスの社会学』[33]に拠りながら、以下で証言から証拠へと転換していく歴史の概略をたどっておこう。

『リヴァイアサンと空気ポンプ』でも描かれているとおり、証言から証拠への歴史は入り組んでいる。それはたとえばボイルの真空ポンプ実験において、何が起これば真空の存在を示したことになるのかという問いに象徴される。真空を見ることはできないし、手に取ることもできない。匂いもしないし音もない。ではどうやって真空が「ある」と示すのか。ボイルがそこで採用したのは、外国のアカデミー会員を含む科学者仲間に、実験の目撃者になってもらうという方法だった。つまりここでは、証言と証人が真理の証しとなるという古い真理保証の手法が、実験という舞台装置の上で部分的に再現されているのだ。

松村はさらに興味深い例をつけ加える。それは、十九世紀に大流行した心霊術だ。テレパシーや心霊写真、ポルターガイスト現象、自動筆記や透視など、十九世紀は心霊研究がさかんであった。それは心霊現象の再現可能性や目撃の信憑性、また証人の記憶の問題など、実験や観察をめぐる多くの問いを提起した。[34] 結局心霊術は「術」の立場に甘んじることになり、十九世紀末までは真剣に検討されていた「科学としての心霊研究」の芽は、二十世紀にはほぼ潰えてしまった。

他方で、心霊研究でも追求されていた「物証の重視」という作法は、証拠の「確からしさ＝probability」をめぐって、確率－統計的な手法を洗練させていく。こうした過程で、もはや証言が排他的に事柄の真理性を保証するという考えは消え去っていった。証言は、物証とその「確からしさ」

を補足する二次的な存在となっていったのだ。

八　歴史の一回性と真理

では、もっぱら「真理を証言すること」を取り上げるアーレントの議論は、古いタイプの証言論なのだろうか。彼女は二十世紀人なのだからそんなはずはないのだが、これについて証拠論との関係で整理しておこう。すでに見たように、近代科学は、物証こそが第一義的な証拠であり、物証を伴った仮説の検証は、再現実験や反証実験などの「追試」によって行われるという図式を作った。しかし、こうした近代科学のモデルが通用しない領域は数多い。その代表的な例が歴史的事実である。

歴史的事実に再現可能性がないことは自明かもしれない。だがなぜそうなのだろう。それは、私たち人間が時間と空間を占める有限な存在であるという、くり返し述べてきた人間の存在条件と関わっている。人が生きる時間と空間は一回限りのもので、それは変転しつづけるため、全く同じ条件で同じ出来事を再現することは不可能である。

科学の言語においては、科学者という実験観察に習熟した共同体のメンバーが、仮説を裏づけてくれる結果を実験において再現しようとする。再現が成功すれば、仮説だった事柄は科学的事実の仲間入りを果たすことになる。

では、歴史的一回性を有する出来事についてはどうだろう。それはもちろん物証と関わりを持つ。強制収容所の建物、大量の人骨、やせ細った囚人たちの存在。第二次大戦中にナチスが残した映像と写真の記録、そして戦後に収容所に入った赤軍による映像や写真。これらをいまでも見ることができるからこそ、ユダヤ人虐殺はたしかにあったと思われているのだ。[35]

しかし、それらの物証をめぐって証言する人が誰もいなかったらどうだろう。たとえばアラン・レネは、一九五六年に「夜と霧」というアウシュヴィッツの「当時」と「いま」を重ねた短編映画を撮った。この映画自体が、アウシュヴィッツについての「証言」となっている。戦後に残されたフィルムはたしかに「物証」である。また、死んだ人の毛髪や金歯、装飾品や靴なども、彼らの存在を示す動かぬ証拠である。しかし、それを映像として編集し一篇の映画にした監督、製作者、脚本家などがいなければ、それは一つの作品として世界中の人々に対して証言者の役割を果たすことはなかった。

また、こうした歴史的事実には、必ず反論者がいる。日本でなら、「南京大虐殺はなかった」という主張はネット上で驚くべき勢いを持っている。これに対して、事実をもって反論するドキュメンタリーが作られている。そこでは史料や証言を大量に取り上げていくなかで、「本当は何が起きたのか」を複合的な証拠の検証を通じて明らかにしようとしている。[36]

歴史的出来事について「本当は何が起きたのか」を示す場合、当事者や目撃者による証言と、そうした人たちの日記や回想に注目が集まる。ジャーナリストや歴史家は、それらを集めて矛盾のない事実の説明を再構築することで、「起こったこと」の真理に迫ろうとする。だからこそ、証人たちが死んでしまう前に証言を記録しようと向き合う人の存在が重要になる。ここでは、実際に事件を経験し記憶し、あるいは体験者から直接聞いた話を伝える証言者たち、そして日記や手記の形で証言を残した人たちの「ことば」が、第一級の史料価値を持つ。

こうした場合に、証言者およびそれを聞き取る者たちは、「あなたはそれを信じればいい。でも私は信じない」という次元で事実と関わっているのではない。何かを実際に体験し、あるいは目撃するということ、そこに居合わせるということは、事実との間に特別な回路を持った存在になるということだ。その意味で、証言者、証人、目撃者とは、政治における嘘を成立させるような場面とは異なった次元にいる存在である。

アーレントの考えでは、事実との間に特別な回路を持つ証人たちの声をすくい上げ、また歴史に埋もれたアーカイヴや手記や証拠品を引っぱり出してきて映像作品という織物に仕立て、棄ておかれた過去の遺物にもう一度日の目を見させるのが、ジャーナリストでありドキュメンタリー作家であり、歴史家だということになる。

ではこれについて、アーレント自身はどのように述べているだろう。

九　証言者たちは独りである

「権力を掌握する者がたとえいかなる工夫を凝らそうとも、真理の代替物となりうるものを発見したり考案することはできない。なるほど、説得や暴力は真理を破壊しうるが、真理に取って代わることはできない」[37]。嘘は、真理を壊すことはできても、真理の座を奪い取ることはできないのだ。

そのことは、真理を語る者が政治的な場所の外に立っていることと関係している。ある事柄について、相手を説得するためだけに、あるいはことばを暴力のように用いて語るなら、その人はもはや真理を語る者ではない。つまり、語る目的が真理を告げること以外である場合には、語り手は真理を語る者とは異なる、何か別の存在（政治家、演説家、弁論家、あるいは広告屋など）になり代わる。彼らは共同社会において、他者の行為や思考に影響を与えて動かそうとする人たちである。

これに対して、真理を語る者は共同社会や仲間との交流の外部にいる。それは「哲学者の孤独、科学者や芸術家の孤立、歴史家や裁判官の公平、現地調査をした者や目撃者、報告者の独立[38]」として現れる。真理を語る者の存在様態は「独り」なのである。これは、裁判制度が政治的干渉から守られる必要があり、また大学などのアカデミズムが政治の意向に左右されてはならないこととも関係している。

言い換えると、たとえば政府の意に沿わない判決を出せないために、基本的人権の観点から要請される夫婦別姓や同性婚の法制化を認めない裁判所は、公平さとして表現される真理の在りかではないことになってしまう。裁判官の判断が時の政権の政治的意向に左右されるなら、判決自体がその時々の政治状況で変わることになる。つまり日本の裁判所は、裁判官の自立や真理の語り手としての役割を十分に果たせるような仕組みになっていないということだ。日本の裁判所人事の在り方は裁判官の独立を保証しにくいと言われるが、そのことが社会全体に与えている影響はかなり深刻だ。

一方、大学の惨状はここでくり返すまでもない。河野太郎自民党広報部長は二〇二二年四月十七日のテレビ放送で、かつて河野氏が防衛大臣だったころ、文部科学省が大学の研究に拠出している科学研究費補助金を防衛省の共管とするよう文科省に依頼したと発言した。そして、防衛省の予算では研究しないという大学は文科省からの補助金は使えないようにしてほしいと申し出たという。それが嫌なら自分のカネで研究してくださいということだそうだ。この「自分のカネで」というのは、民営化・規制緩和論者が大好きな定型句でもある。自分のカネとは研究者個人の貯金のことなのだろうか。これは、実際には金の問題ではない事柄を経済的損得で語る、新自由主義の政治言説の典型的な言い回しとなっている。こうしたことば遣いによることで、研究活動が、ナショナリズムを超えた公共的な枠組みのなかで真理を追求する可能性を否定しているのだ。[39] 学問研究は真理を追求することよりも、日本の防衛省と共同での軍事研究を行う、あるいは少なくともそうした研究を容認することを重視すべきということだろう。政治、軍事、ナショナリズムへの賛同を、予算の面から研究者に強いるやり方は、真理の場としての研究空間を認めないことを意味している。

そうは言っても、アーレントが言うような自己利害からの自由、公平不偏などありうるのだろうか。これは単なる理想論ではないのか。彼女はこれについて、ずっと以前からこういった真理を語る伝統が存在すると主張する。それは、「ホメロスがアカイア勢の行為ばかりかトロイア勢の行為をも歌い、自分と同族の英雄アキレウスの栄光のみならず、敵であるばかりか戦いに敗れもした人間ヘクトルの栄光をも賞賛しようと決めたときにまで遡ることができる」[40] そうだ。なんとも大げさな感じもするが、彼女にとって、これはホメロスが歴史家であることの内実なのである。

このあたりのアーレントによる西洋文明礼讃には、極東の住人は戸惑いを覚える。たとえば古代中国にも必ずやそういった試みがあったはずだ。だがここではそれは措くとしよう。人間が意のままに変えることができない事柄が存在し、それについて語る者たちが真理の証言者であるというアーレントの考えは、政治的な嘘、独裁者の嘘、メディアの嘘や虚構が、真理を僭称するのみならず現実を変える力を持つ現在において、きわめて重要なものである。

ではその「真理を告げ知らせる者」はどこからやってきて、どのように真理を掘り起こし、どうやって人々にそれを届けるのか。その一つの顕著な例として、章を改めてセルゲイ・ロズニツァの映画を取り上げることにしたい。

II　映画と政治とナショナリズム——知られざるロシア＝ウクライナ史

一九三〇年代のテロルによる飢餓が発生し、スターリンはヒトラーが殺したユダヤ人よりも多数のウクライナ人を殺したという。だが、西側でそれを記憶している人がどれだけいるだろうか。

アン・アプルボーム『グラーグ』(1)

カンヌ映画祭で「ジェントル・クリーチャー」について語るセルゲイ・ロズニツァ
（2017年5月撮影、AFP＝時事）

第三章　バビ・ヤール：コンテクスト——セルゲイ・ロズニツァ、映画と政治Ⅰ

〔ユダヤ人の〕大量処刑は、ロシアの大草原のような無人地域か、あるいはポーランドやルーマニアのような、説得すれば少なくとも地元住民の一部が多少とも積極的に片棒を担いでくれそうな地域でのみ起きている。

ハンナ・アーレント(1)

一　政治的映画作家、ロズニツァ

セルゲイ・ロズニツァ(2)は、ドキュメンタリーフッテージ収集の徹底性と膨大な資料をもとにした職人的編集作法によって、政治性が前面に出ない芸術的映画制作者と捉えられることもある。これには彼が「芸術映画」の祭典と目されるカンヌ映画祭の常連監督であることも関係しているかもしれない。ロズニツァは二〇〇〇年頃から、ドキュメンタリーを出発点に作品を発表してきたが、日本ではじめて作品が公開されたのは二〇二〇年だ。最近はロシアのウクライナ侵攻でにわかに注目を集め、関連

する作品が二〇二二年中に三作公開される。(3)

日本では批評家を含めた映画業界に政治的な視点が乏しく、作品の背景解説なども外国での紹介記事に依存する傾向にある。これはとりわけ歴史的な事柄に関して顕著に当てはまる。直接映画から読み取ることができない要素を含めた、政治史的背景を念頭に置いた映画批評は稀だ。そのためロズニツァのように、歴史的観点から現状の政治に批判的にアプローチする映画作家の位置づけにはとくに弱い。

だが、ここ十年ほど毎年のように発表されてきた彼の作品群を眺めてみると、ドキュメンタリー／フィクションの垣根を越えたその作品の多くに通底するテーマは、かなりはっきりしている。それは、「ソ連の亡霊」、それもスターリン独裁における死と暴力に強く規定されたソ連の亡霊を、徹底して描くことである。このテーマは明らかに政治的だ。したがって、ロズニツァは「政治的な映画」を撮る監督だと言える。それは、日常のなかに、あるいは一見別の素材のなかに、政治をほのめかすのではない。ロズニツァのフィクション作品の劇中で起きることには、すべて強度に政治的なドライブがかかっている。またドキュメンタリー作品の編集もきわめて政治的な視点でなされている。

彼自身、映画を撮る理由の一つとして、自分のなかに芽生えた問いへの答えを探すことを挙げている。「映画を通じて、私は自分自身に対して特定の問題や争点をはっきりと示し、それを描写し、自分にとっての答えを見出したいのです。そのために映画を撮っています。視聴者にはある種の省察 reflection をしてほしいと願っています。つまり視聴者にも問いを提示しているのです」(4)。

そしてどうやらこの問いというのが、しばしば政治的な関心から発せられるようなのだ。そしてよく考えると、これは映画作家としては異色で、珍しいことにように思われる。おそらくそれは、彼がキーウで育ったことと関係している。ロズニツァ自身が自分の映画が苦しみと悲劇ばかりを取り上げる理由をたずねられて、「それがこの街の運命だからだ」と答えている。「周りを見渡せば、この街は傷跡だらけだ。そんな場所でどうやって別のしかたで映画を撮れるだろう。この街のすべてがトラウマを物語っている。それが自分に迫ってくるのに、何もしないわけにはいかない」[5]。これが二〇一八年、つまり二〇二二年のロシア侵攻前の発言だということ自体が悲しい。ウクライナは今般の戦争で完膚なきまでに街と人が破壊された。だがその前から、ずっと傷だらけでトラウマに満ちた場所だったのだ。そしてこの悲劇性と傷跡は、すべてが政治に、とりわけロシアやドイツといった強大な隣国に翻弄され、暴力と死を与えられつづけてきたこの国の政治史に関わっている。

ロズニツァが取り上げる主題を、試しにいくつか挙げてみよう。たとえば「ジ・イヴェント」(二〇一五)と「マイダン」(二〇一四)の二作はテーマが似ている。「ジ・イヴェント」は、一九九一年の失敗に終わったソ連保守派のクーデターの際に、サンクトペテルブルク(当初はレニングラード)の通りや広場に集まった市民たちを映したアーカイヴ編集映画である。「マイダン」は、二〇一三〜二〇一四年のマイダン革命の際のキーウ独立広場とその周辺を、ロズニツァ自身が撮影したドキュメンタリーである。この二つのドキュメンタリーについては、第四章で改めて論じることにする。

ロズニツァの名声を高めたドキュメンタリーのうち、「粛清裁判」(二〇一八)は、スターリンの大粛清の嚆矢とも言える一九三〇年のでっち上げ裁判の記録映画である。もう一つの「国葬」(二〇一九)は、一九五三年のスターリン死去の際の四日間にわたる国葬の様子を撮影した当時のフッテージを編集した映画である。これらは、ソ連体制がいかに奇妙でグロテスクなものだったかを正面から映している。フィルムはすべて実際に当時のソ連で撮影されたものなのだから、観客はそれが何らかの意味で「事実」であると考えざるをえず、ぞっとしつつもその映像から目を逸らすことができない。

次にフィクション映画を見てみよう。今回のウクライナ侵攻を予言したような作りだと話題になっている「ドンバス」(二〇一八)は、二〇一四〜二〇一五年にドネツク、ルハンスクの両人民共和国が「ノヴォロシア人民共和国連邦」と称してロシアに独立承認されていた頃の話である。ここで起きている信じがたい嫌がらせと野蛮かつ暴力的な支配が、現在ウクライナ東部・南部で再演されているかと思うと、ウクライナの人たちが気の毒でならない。現状ではそもそも容赦ない爆撃で街自体が消滅させられ、死体が放置されているのだから、そんなことも言っていられないかもしれないが。

最初の長編フィクション映画「マイ・ジョイ」(二〇一〇)は、第二次大戦時のソ連における悪夢と現在とが入り乱れる作りで、次作となる「霧の中」(二〇一二)は、第二次大戦時のベラルーシ(当時はソ連)の、裏切り者とされる人物とパルチザンの処刑人の逃亡劇である。「ジェントル・クリーチャー」(二〇一七)は、ロシアのド田舎の小屋のような家に住む女性が主人公で、夫は無実の罪で刑務所に入れられている。

ロズニツァはもっと短いドキュメンタリーも撮っているので、全部がダイレクトに政治的とは言えないかもしれない。だがそれらにしても、「ソ連の亡霊」あるいは戦争と暴力といったテーマから全く離れた主題化がなされている作品は少ない。

ロズニツァが自分の映画を撮りはじめたのは一九九〇年代後半である。そこから二〇〇〇年代前半にかけては、一見政治性を持たないドキュメンタリー短編・中編をモノクロで撮っていた。家を建てる職人たちの一日を捉えた「TODAY WE ARE GOING TO BUILD A HOUSE」（一九九六）、ロシア西部の村の風景を撮った「LIFE, AUTUMN」（一九九八）、人里離れた精神病院での農作業の様子を淡々と映す「SETTLEMENT」（二〇〇一）から、製鉄工場の作業の様子を映した「FACTORY」（二〇〇四）まで、ロズニツァの主題はロシア人の労働と暮らしである。それは、まるで二十世紀に閉じ込められたかのような市井の人々の毎日を、説明も効果音もなしに映しつづける。

だが、第二次大戦におけるレニングラード包囲戦のアーカイヴを編集した二〇〇五年の「包囲」あたりから、テーマが変わってくる。「時間が止まったかのような田舎の生活」ではなく、ロシアの政治的な過去をアーカイヴ映像から再考するような作品が増えていく。二〇一〇年代に入ると、辛辣で絶望的なフィクション映画を撮りはじめ、ドキュメンタリーでは、ある特定の場所で起こる政治的に重要な出来事に焦点を当てた作品が多くなる。

この変化の理由を彼自身が語ったものは、まだ見つけられていない。ただし「包囲」は、ロズニツァがはじめてアーカイヴを用いて作った映画である。こうした新しい制作手法の導入以外に、次のような社会的背景も関係しているだろう。一九九〇年代には、ロシアの混沌と急激な資本主義の導入による貧富の格差と貪欲な金持ちの台頭への懸念が、過去から変わらぬロシア人の生活を記録することを促したとも考えられる。これに対して二〇〇〇年代に入ってからは、第二次チェチェン紛争、ジョージア侵攻など、ロシアの拡張主義的な政策、秘密警察の暗躍が目立ち、メディアの締めつけも強まっていく。そのなかでロズニツァは政治的関心を強め、「ソ連の亡霊」を描く仕事に本腰を入れるようになったと思われる。
ロシア侵攻開始時点で編集作業を行っていた最新作は「破壊の自然史」で、これはドイツの作家W・G・ゼーバルトの著作に着想を得た作品である。(6) 空襲という戦時の無差別攻撃による民間人の犠牲は果たして許容されるのかという、まさにタイムリーなテーマを扱っている。現在の状況に当てはめるなら、ロシアが開戦以来つづけている空爆による民間施設や住居の破壊は許されるのかということだ。

こうした意味で、その作品群の構えからして「政治的」な映画作家であるロズニツァは、第五章で紹介するウクライナ映画アカデミーとの政治的対立に巻き込まれた。だが実は、アカデミーとロズニツァとの確執は、第五章で取り上げるフランスのロシア映画祭問題や、「ウクライナ映画」のカテゴリーにウクライナ語とタタール語以外の映画を含めるかどうかだけが原因ではなかった。彼の除名の背景には、二〇二一年春にカンヌ映画祭で初上映され、同年秋にキーウでロズニツァ自身が上映会に参加した「バビ・ヤール：コンテクスト」の内容が関係している。そしてここでロズニツァに起こったことは、実はアイヒマン裁判をめぐってアーレントが巻き込まれた非難と中傷によく似ているのだ。

一方に政治的なテーマで映画を撮りつづけるドキュメンタリーがベースの映画作家ロズニツァ。他方に哲学の純粋性を追求しているふりをしつつそこに政治を忍び込ませるハイデガーへの疑念から、政治哲学者として真理と政治の関係を問うたアーレント。ロズニツァは仲間であるはずのウクライナ映画人に、アーレントは同胞であるはずのユダヤ人に、自分たちの側に立たない者として批判された。彼らは二人とも、ウクライナ人やユダヤ人の民族アイデンティティが傷つくことを嫌う人たちにとっては、「裏切り者」「民族の敵」なのだ。そして二人が非難された理由もよく似ている。彼らはいずれも、第二次大戦時のユダヤ人に関する歴史認識をめぐって論難された。ただし、一方はウクライナ人の、他方はユダヤ人の名を傷つけたとして。

二　アイヒマン裁判と「バビ・ヤール：コンテクスト」

アーレントは、一九六一年四月にエルサレムではじまったナチス戦犯アドルフ・アイヒマンの裁判を傍聴し、それをもとにニューヨーカー誌に傍聴記を連載した。(7) この連載はユダヤ人界に激震をもたらし、大きな非難を引き起こした。ここにはアーレントがアイヒマン裁判の合法性や手続きの正当性を問題視しているといった理由もあるが、最も中心的だったのはそのことではない。ユダヤ人自身がナチスのユダヤ人連行に協力したという事実を彼女がはっきり指摘したことが、大変なスキャンダルとなったのだ。ナチ時代に東欧に作られたゲットーのユダヤ人による「自治組織」であるユダヤ人評議会は、自分や家族の身の安全と引き換えに、ユダヤ人たちの人数を地区ごとに割り当てて強制収容所に規則的に送ることに協力していたのである。(8) この事実は、アイヒマン裁判においてユダヤ人虐殺システムの全貌を明るみに出そうとして、ユダヤ人の「生き残り」たちが証言するなかで明らかになったものである（アイヒマン裁判の映画「スペシャリスト」（一九九九）にも、ユダヤ人評議会メンバーがナチへの協力を告白する場面が出てくる）。

ユダヤ人自身が自らとその家族の命を保証してもらおうとして、他の多くのユダヤ人をナチスに差し出し、計画どおりの収容所への移送に協力した。戦時中の恐怖のなかでは起こるべくして起こったことではあるが、これは裁判でアイヒマンを吊るし上げていた人たちにとっては聞きたくない事実だった。

アーレントはこうした行いがユダヤ人虐殺を幇助したと指摘しただけでなく、その後も「シオニスト国家」への疑念とパレスチナ人のこの地に対する権利について、臆することなく発言をつづけた。大した勇気だが、これらの主張がもとで、アーレントがユダヤ人社会を敵に回したとしても何の不思議もない。そしてすでに前章で述べたように、自身への轟々たる非難に対する答えとして書いたのが、「真理と政治」だった。このなかでアーレントは、「真理」を明らかにする使命を負った存在（芸術家、ジャーナリスト、歴史家、裁判官など）を列挙している。この文章が書かれた経緯を考えるなら、他でもなく自分自身に真理を語る使命が課されていると、彼女は明確に意識していたことになる。[9]

他方でロズニツァは、「バビ・ヤール：コンテクスト」によって、ロシア寄り、あるいはイスラエル寄りだとして批判されている。その非難が激しいものであることは、ロズニツァ自身も認めている。[10]ここには、この映画が「バビ・ヤール・ホロコースト・メモリアル・センター（ＢＹＨＭＣ）」から全額出資を受けていることが関係している。というのも、ＢＹＨＭＣ自体が、ウクライナにおける歴史の記憶と政治との関係をめぐる争点の一つとなっているからだ。ちなみに二〇二二年三月、ＢＹＨＭＣに隣接するキーウのテレビ塔が破壊された際、ＢＹＨＭＣも爆撃を受けたとして日本でもニュースになっていた。のちにバビ・ヤール地区の記念碑は無事であることが確認されたが、このときＢＹＨ

MCはロシアを非難する声明をすぐに発表した。(11)

BYHMCのウクライナにおける位置づけは複雑である。あとでバビ・ヤールの歴史を述べるところで取り上げるが、ソ連時代はスターリンの意向によって、バビ・ヤールでユダヤ人が大量虐殺された事実は隠蔽されていた。一九九一年のウクライナ独立後にはじめて記念碑が建てられ、現在では大小合わせて三十を数えるという。(12)

バビ・ヤールにホロコーストの記念博物館を作るべきだという考えは、ずいぶん前からあったようである。あとで述べるように、ソ連時代にはユダヤ人虐殺の事実そのものが隠されていたが、その後も追悼の場所をどのように作るかについて、具体的な進展はなかった。ウクライナ独立後の二〇〇〇年代に入って追悼計画がいくつか持ち上がるが、現在のメモリアル・センターにつながるプロジェクトが最初に生まれたのは、前大統領ポロシェンコの時代である。(13) 二〇一六年にはバビ・ヤール追悼のコンペティションが行われ、九月には、バビ・ヤールに記念碑とホロコースト博物館を作る計画が発表された。

二〇一七年三月、プロジェクトは具体的なプランを発表した。計画にはロシアオリガルヒであるミハイル・フリードマンとゲルマン・カーン、ロシア出身のイスラエルの人権活動家ネイタン・シャランスキー、ウクライナオリガルヒであるヴィクトル・ピンチュークとパヴェル・フクス、キーウ市長ヴィタリ・クリチコ、弟で元ボクサーのウラジーミル・クリチコなどが参加した。(14)

ただ、この計画は当初から問題が指摘されていた。というのは、もともとポロシェンコ政権以前からメモリアル・センターを計画していたのが、ロシアオリガルヒであるフリードマンとカーンだったからだ。[15] 彼らは一億ドルの出資を表明していた。これに対してポロシェンコは、ウクライナが国としてサポートするメモリアル・センター建設を望んでいた。そのためこのプロジェクトには二〇一七年に百万ドル規模の国家予算がついた。

また、ポロシェンコの計画は、ウクライナ国立科学アカデミーのウクライナ史部門およびウクライナ国民記憶インスティテュート（ＵＩＮＲ）の後援を受けていた。ユダヤ人虐殺だけでなく、より広い観点でバビ・ヤールの悲劇を取り扱うというのがこのプロジェクトの方向性であった。これもあとで述べるが、バビ・ヤールではユダヤ人以外にも中東欧移動民族ロマやウクライナ民族主義者、ソ連軍の捕虜や政治犯など、さまざまな人が処刑され遺棄された。このプロジェクトは、「ナチスとソ連という二つの全体主義によって犠牲になったウクライナを悼む」というコンセプトを打ち出していた。[16]

二つの全体主義からの挟撃という観点は、現在のウクライナを理解する上で非常に重要なものである。だがこの計画は、ウクライナにおけるナチスへの戦争協力という側面についてはっきりした態度を示さなかった。これは、ナチスによって占領されユダヤ人の連行と虐殺が行われたあらゆる地域で提起される、向き合うのが困難な問題である。韓国や中国で行われた日本の戦争犯罪について現在なされている議論を思い浮かべてみれば、基本的にナチスの被害者であった地域で自らの戦争への加担を認めるのが難しいことは、容易に想像できる。日本のようなかつての侵略国でさえ、認めたくないことがあまりに多いのだから。

ただし、日本とウクライナでは現在の状況が全く異なることにも十分注意が必要だ。「ロシアン・プロジェクト」とも言われるフリードマンらの計画に対して、ウクライナの歴史家のなかから、まるでバビ・ヤールがホロコーストの中心地であったかのように描くことへの疑義と不信が表明された。実際には、ウクライナや東欧地域でユダヤ人を虐殺したのはナチであって、ウクライナは占領され自由を失っていた。そのため、ロシア人とイスラエル人のグループが、虐殺が起きた場所がウクライナだったことを強調しようとするのは、何か政治的な意図によるのではないかという疑念が表明された。しかもオリガルヒたちが気前よく一億ドルも出すなんて、プーチンの許しを得ずにできるのだろうか。[17]

これらの指摘は、現在プーチンがウクライナ侵攻の理由を「ネオナチ」からの解放に求めていることを考えると、ただの杞憂とは言えないリアリティを持つ。ホロコーストにおいてウクライナが主導的であったかのような印象を与えることは、単に歴史認識の問題ではない。それは現在のロシアによる「ウクライナ＝ネオナチ」というレッテル貼りと、それを口実とする侵攻とに直接結びついているのだ。

話は複雑になるが、他方でポロシェンコの側にも、一部の人たちが不信感を抱く原因があった。それは、ウクライナ・ナショナリズムの強調が、ウクライナの多様性そのものを否定しかねない点だ。

ポロシェンコは、二〇一四年のマイダン革命後に親ロシア派のヤヌコーヴィチがロシアに逃亡した後の選挙で勝利し、大統領に就任した。歴史認識との関連で注目されるのは、次の事実である。二〇一五年、ポロシェンコ政権下でウクライナ国民記憶インスティテュート（UINR）のメンバーが関与して作られた「非共産化」法は、ウクライナ国内でも国外でも問題視されるものだった。最も批判された第六条では、「二十世紀のウクライナ独立のための闘争の正統性」の否定、たとえばウクライナ蜂起軍（UPA）の役割を否定することは犯罪であると規定されている（第二次大戦時に結成されたUPAについては、ウクライナ民族主義者組織（OUN）とともに、あとで説明する）。また、ソ連時代のさまざまな抑圧に関連する国家文書が、すべてＵＩＮＲの管理下に置かれることも定められた。これは国家による「記憶の管理」だとして批判された。特定の歴史観以外を犯罪化し、国家が正しい記憶とそうでないものをふり分けて歴史的記録そのものを管理する。これは非共産化を共産主義のやり方で達成しようという意味で本末顛倒だと、ウクライナの歴史家からも非難された。(18)

以上をふまえると、ポロシェンコの国家プロジェクトは、バビ・ヤールの虐殺をはじめとするウクライナでのユダヤ人虐殺を、ウクライナ民族主義者やウクライナ市民と結びつけて捉えることを忌避する立場を取っていたことが分かる。その背景にはナショナリズム的な考えがあったとも言えるが、ロシア資本の介入によって、ウクライナがホロコーストの加害の中心であるという偏ったイメージが流布されることを恐れたとも言える。

三　バビ・ヤール・ホロコースト・メモリアル・センター

ポロシェンコが二〇一九年の大統領選挙でゼレンスキーに敗れたことで、プロジェクトの国家主導の試みは後ろ盾を失った。これに対して「ロシアン・プロジェクト」の方は、その後も着々と進められてきた。現在に至るまで、調査や建造物プロジェクトも進捗している（ただし、戦争で一部中断されている）。ＢＹＨＭＣはロシアオリガルヒ主導との批判に答えるため、規約によって出資比率に上限を課している。二〇二〇年現在の出資比率は、ウクライナ人五十パーセント（ウクライナオリガルヒであるヴィクトル・ピンチュークとパヴェル・フクス、元ボクサーのウラジーミル・クリチコ）、ロシアおよびイスラエル人（フリードマンとカーン、ロシアとイスラエルの両国籍を持つ）四十九パーセント、アメリカ人（ロナルド・ローダー世界ユダヤ人会議議長）一パーセントである。[19]

現在のBYHMCのプロジェクトは、上述のポロシェンコ時代の国家プロジェクトとは対照的に、バビ・ヤールでのユダヤ人虐殺に焦点を当てている。一九四一年九月二十九～三十日に、バビ・ヤールで三万三千七百七十一人のユダヤ人が大きな抵抗もできないまま処刑された。この虐殺は、ナチス占領下でのソ連地域で「銃殺によるホロコースト」（ガス室によるホロコーストとの対比でこのように呼ばれる）[20]がその後も進められる契機となったとされる。ナチスにとって、バビ・ヤールはソ連地域における民族浄化の「成功例」となったのだ。[21]BYHMCは、バビ・ヤールの虐殺がユダヤ人以外に及んだことを含めて追悼するだけでなく、ナチ占領下でのウクライナ民族主義者や一般市民の動向についても明らかにしようとしている。そのため、ナチスへの戦時協力も一つの焦点となる。

バビ・ヤールでの虐殺の追悼と歴史的事実の掘り起こしプロジェクトは現在進行中で、虐殺の被害者の氏名を記す作業が進められている。キーウだけでなくウクライナ各地のユダヤ人虐殺をめぐるドキュメントを収集し、ホームページ上でのその公開を進めている（二〇二二年七月現在二百十四万九千六百二十九ページの資料を公開）。また、二〇二一年十月六日にBYHMCのホームページで、虐殺に加担した百六十一人のドイツ軍兵士の氏名と一部の略歴が公表された。

このように、主にオリガルヒからの資金援助を得て活動をつづけるBYHMCが、記念すべきプロジェクトの先触れとして位置づけるのが、ロズニツァの「バビ・ヤール：コンテクスト」なのである。すでに述べたとおり、この映画はBYHMCから全額出資を受けており、ホームページ上ではこれをセンターの活動成果としている。[22] こうした文脈も手伝って、この映画は反対者たちからウクライナの歴史とアイデンティティを傷つけるものとして批判された。一方現在では、BYHMCの活動はウクライナ政府からも公式に認められるようになっている。たとえば二〇二〇年七月には、ゼレンスキー大統領がBYHMCのプロジェクト支持を表明した。

これに対してポロシェンコ側は、BYHMCへの支持を理由にゼレンスキーをロシア寄りと批判した。こうした対立構図が作られることで、ウクライナ・ナショナリズムに依拠するポロシェンコやそのグループ[23]は、プーチンから反ユダヤ主義の「ファシスト」だと名指される隙を与えてしまうことにもなった。[24]

ここまで述べてきたことから明らかなとおり、バビ・ヤールの虐殺をめぐる歴史認識や追悼というテーマだけで、現在のウクライナ・ナショナリズムにおける歴史の争点、ロシアによるウクライナ＝ネオナチという主張の背景などについてかなりのことが分かる。ロズニツァはこの論争のど真ん中に、「バビ・ヤール：コンテクスト」の公開によって投げ込まれたことになる。

四　ナショナリストを怒らせたもの

歴史的な観点から、この映画が何を描いたためにウクライナの一部の人々を怒らせたのかをもう少し考えてみよう。彼らがとくに怒ったのは、「バビ・ヤール：コンテクスト」がウクライナ人のユダヤ人虐殺への協力に言及し、またウクライナ人がナチの旗を振ったりナチス兵士に花束を渡したりしてドイツ軍の入城を歓迎する様子を映した第二次大戦時のフッテージを含んでいた点だ。つまり、ウクライナ人のなかにナチスへの協力者がいたことを示すという、タブー中のタブーをロズニツァが犯したと受け止められたのだ。これはアーレントのユダヤ人評議会問題に似たスキャンダラスなテーマである。

ウクライナにとって、ナチとの関係はいま最も神経をとがらせている事柄の一つである。それはプーチンおよび親ロシア派が二〇一四年のクリミア・東部侵攻以来、ウクライナからナチを排除して住民を救うために軍事行動を行っていると言い張っているからだ。こんなちゃんちゃらおかしい主張につき合う必要はないのだが、それでもいまのウクライナでは、自分たちとナチとの関わりを示すものは一切見たくないという、当然の心理が強く働いている。プーチンがウクライナ＝ナチと言い立てる歴史的根拠として、ウクライナ民族主義者の一時的なナチスとの共闘があるのだからなおさらだ。それを現在の「アゾフ連隊」にダイレクトに結びつけるロシアの理屈には無理があるが、アゾフ連隊がウクライナオリガルヒの資金援助を受けてきたことも話を複雑にしている。そもそもウクライナ民族主義者組織（ＯＵＮ）やウクライナ蜂起軍（ＵＰＡ）の存在がちらつくだけで、ウクライナ人にとってはナーバスな話題になってしまう。こういう文脈があるなかで、ロズニツァは第二次大戦当時の映像を使って、解釈ではなく記録された「事実」として、ウクライナにおいてある時期に一定のナチス受容があったことを示したのだ（ただしロズニツァは、第四章註（29）で挙げる動画内で、自身が用いるアーカイヴ映像にしばしば演出や「やらせ」の痕跡が見られることに注意を促している）。

ロズニツァはウクライナでの批判者たちに対して、まず「バビ・ヤール：コンテクスト」の資料収集とリサーチは二〇一二年から行っていたものだと応答した。たまたま今回の侵攻とウクライナでの映画公開が重なったのであって、そこに特別な意図はないのだ。また、用いられたフッテージは多岐にわたる資料源から取られており、BYHMCが保有するものだけではない。この映画はすでに二〇二一年にカンヌで上映されており、ロシアによる侵攻とウクライナでの公開のタイミングが重なったのは偶然だというのは、たしかにそのとおりだ。ただし反対者たちは、二〇一四年のクリミアおよびドンバス侵攻以来のことを考えたら、こんな政治的に論争含みの映画をなぜ作れたのかと思っているようだ。

もっともロズニツァは、二〇一四年のロシア侵攻以降ドンバスで起きたことについて、この上なく辛辣にロシアと親ロシア派を批判する映画「ドンバス」を、ウクライナ政府の助成を受けて制作している。ここではウクライナ軍を「ナチ」呼ばわりする下卑な親ロシア派がこれでもかと描かれており、この映画はウクライナで賞賛されてもいる（ロシアでは上映禁止）。ロズニツァにとっては、バビ・ヤールの虐殺も、ポーランドに支配され、ソ連に支配され、一九三〇年代のスターリン時代にホロドモール（人工的大飢饉）や大粛清などとんでもない目に遭わされたウクライナの歴史も、悲願の独立を支援するというウソの協定に騙されて西部のウクライナ民族主義者が一時的にナチスと手を組んだことも、ユダヤ人の虐殺を黙認し、またそれに手を貸したウクライナ人がいたことも、すべて事実なのだ。

それらについて記録されたドキュメントを鑑賞者に差し出し、歴史の理解を促し、それぞれが自らの思考の出発点とすることは、ロズニツァにとって芸術家の使命なのである。国家が歴史文書を管理して正しい記憶と間違った記憶をふり分けるなど、全体主義そのものではないか。アーレントが言うとおり、芸術家は真理を提示し、そこから誰もが自分自身で思考をはじめるきっかけを与えるべきなのだ。見たいものだけを見て、知りたくないことを無視する態度は、自らのなかに生じた問いへの答えを探して映画を制作するロズニツァにとってみれば、全体主義への隷従と何ら変わらない。

全体主義は、何が真理かについて迷い判断する自由を人から奪い去る体制である。そこでは本当か嘘かは当局が決めてくれるのであって、決して自分で判断しようなどと考えてはいけない。そんなことをしたら殺されてしまう。それに物事が起こる前から、この体制ではその結果は決まっている。スターリンは人民のために自分の身を犠牲にしたのであり、それに反する事実は決して存在してはならない。まだ起こっていないことを含めて、結論は先に出ているのだ。

ロズニツァはウクライナのみならず、ロシアやドイツなどで苦労して多種多様な出所のフッテージを収集した。そのなかには個人蔵の映像資料もあり、とりわけドイツでは、占領地の様子を記録した映像をその後故郷に持ち帰った例が多かったようだ。ドイツ在住のロズニツァは、それらも「バビ・ヤール：コンテクスト」の素材として使用している。ウクライナで問題とされたシーンの一部は、ウクライナやドイツ各地に残っていた個人蔵のフッテージを彼自身が見つけ出したものである。そのなかにはたしかに、複雑な背景史の理解がないと、誤った文脈で政治利用されかねない内容のものも含まれている。

ロズニツァ自身は次のように語っている。[25]

とても驚いたのですが、スタニスラヴィヴ〔現在のイヴァノ＝フランキーウシク〕での〔ウクライナの民族衣装を着た若い女性や男性の集団が、ナチの旗を持ったりナチ式の敬礼でナチス高官を歓迎している〕行進の映像を見つけました。これは一九四一年十月のものです。この映像はプロパガンダのために撮影されたのではなく、素人による記録でした。こんな行進が行われたことだけでなく、それが映像で記録されていたことにとても驚きました。さらに、この行進はイヴァノ＝フランキーウシクでのユダヤ人大量処刑のあとに行われていました。この殺戮では一万五千人が殺されたのです。

それから一九四一年のリヴィウのポグロムの記録も見つけました。驚くべきもので、とても恐ろしかったです。あるものは全部集めました。ナチスによる占領当初に起こったキーウでの爆発の映像も発見しました。これは本当に他にない映像記録です。しかも、〔ドイツ南西部〕シュトゥットガルトの一地域の個人コレクションのなかから見つけたのです。それにもちろん、キーウでの戦犯裁判の素材も集めました。一部はオレクサンドル・ドヴジェンコの「炎のウクライナ」[26]（一九四三）で使われた映像です。

この発言に関しては、いくつか解説が必要になる。「バビ・ヤール：コンテクスト」について、第二次大戦期のウクライナについてかなり知識がないと何が映っているのか分かりにくいという批評があったが、[27] たしかにそうなのだ。

まずはスタニスラヴィヴについて。この土地がたどってきた歴史は、激動する西部ウクライナのなかでもとりわけ悲劇性に満ちている。ウクライナ西部、ガリツィア地方南部、リヴィウから南東に百キロほどの場所にあるスタニスラヴィヴは、十五〜十八世紀にはポーランド（のちポーランド・リトアニア連邦）に属する街であった。一七七二年にはハプスブルク家の支配を受け、そのままオーストリア帝国、のちにオーストリア゠ハンガリー帝国領となる。一九一九年、オーストリア゠ハンガリー帝国の崩壊によって独立し、西ウクライナ人民共和国の首都となるが、翌年にはポーランドに併合される。その後、赤軍、ウクライナ民族主義者軍、ポーランド軍がこの地で戦い、一九三九年にソ連の一部となったあと、ドイツ軍の侵攻を受け、一九四一年からはナチスの支配下に置かれた。ここでロズニツァが挙げているのは、この暴力と戦争に満ちた時期の映像記録である。ソ連やドイツに占領されている間も、双方と戦うウクライナ蜂起軍（ＵＰＡ）が活動した。なお、ドイツ軍による侵攻前に、ソ連軍が数千人をシベリアなどに強制移住させ、また反抗者の処刑を行っていた。

そして、ドイツ占領時にはこの街と周辺で七万人のユダヤ人が殺害され、一万二千人が強制収容所に送られた。スタニスラヴィヴに住んでいたユダヤ人で生き残ったのは約千五百人、そのなかで市内に隠れていたのは約百人とされる。(28) さまざまな国や民族が入り乱れて戦ったこの街は、だからこそウクライナ・ナショナリズムを生み育てる土壌となった。スタニスラヴィヴは一九四四年からソ連領となったが、その後もウクライナ独立派のゲリラ活動はつづいた。一九六二年には、ウクライナの国民的作家イヴァン・フランコ（一八五六〜一九一六）の名をとって、イヴァノ゠フランキーウシクに改称された。

ロズニツァがここで挙げているスタニスラヴィヴの大量処刑とは、一九四一年十月十二日に起きた、のちに「血の日曜日」と呼ばれる虐殺である。殺されたユダヤ人の数の報告には一万人、一万二千人などばらつきがある。[29]この地ではドイツ占領期にくり返しユダヤ人やレジスタンスの処刑が行われた。

また、リヴィウでは一九四一年六月末〜七月に二度のポグロムが起こった。このときのウクライナ民族主義者の役割については後述する。ロズニツァが上記のインタビューで言及しているキーウの爆発とは、ドイツ軍がキーウに入って数日後にあたる一九四一年九月二十四日に起こった爆発を指す。これはソ連NKVD（内務人民委員部の略称、秘密警察、KGBの前身）の工作員が撤退に際して仕掛けた爆発物によるものとされる。ドイツ軍入城間もなく市内のあちこちで爆発があったことを、ロズニツァは映像記録で証拠立てたことになる。

そして、ロズニツァがここで言っているキーウでの戦犯裁判とは、一九四六年一月に行われたドイツ軍人に対する裁判である。これに関係するフッテージは「バビ・ヤール：コンテクスト」の主要部分をなしている。以上からだけでも、バビ・ヤールをめぐるコンテクストの複雑さを垣間見ることができる。つまり、バビ・ヤール以外の場所で起きた多くの事柄が、虐殺のコンテクストを理解するのに必要なのである。

あるいは、なぜ虐殺があのような規模であんなにも迅速に（ドイツ軍がやってきてわずか十日後に）実行されたのかを知るには、ウクライナ各地で同時期に起きていたことを視野に収めることが必須となる。ウクライナの民族主義者や一般市民がユダヤ人に何をしたのかを含めて歴史の事実を知ることは、現在のウクライナ・ナショナリズムが同じ轍を踏まないようにするためにもとても重要なことなのだ。

ロズニツァは、自身に対する「非愛国者」という批判を念頭に、「愛国映画」についてどう思うかと聞かれて次のように答えている。

ある映画が「愛国的だ」というとき、人は何を想定しているのでしょう。私は地球という惑星の愛国者で、キーウという街の愛国者です。キーウの街への愛を謳い上げる映画を作ることもできますが、これは国家のプロパガンダでは「愛国的」とは見なされないでしょう。おそらくソビエト時代に毒されているから、愛国的かどうかなんて見方をしてしまうんです。……イデオロギー的に映画を方向づけようなんておかしいし、〔政府や協力機関は〕単に財政支援だけをすべきです。芸術は検閲やイデオロギー的指導に一切服してはならないからです。自分たちがどういうふうに芸術を推進していったらいいかよく知っている、才能あふれる人々がすでにいるのです。この人たちを検閲したり制限したりしてはいけません。適切な条件さえ揃えば、彼らのなかから新しい映画、新しい監督が出てくるのですから。[30]

このように考えるなら、ＢＹＨＭＣをめぐる「反愛国」という勘ぐりもまた、ソビエト的思考の残滓ということになる。したがってロズニツァが撮るような、何が正しいかを簡単に教えてくれない映画よりも、もっと「愛国主義的」で英雄が活躍する映画にウクライナ映画アカデミーが多くの賞を与えたことも、ロズニツァから見たら下品な話ということになるだろう。[31]

私の映画の多くは、私たちが過去から継承した争点や問題を扱っています。そうした問題はもとをたどればずっと以前に起こったものです。それなのに長い間解決されないまま、いまでも存在しつづけているのです。ある問題について省察し、それを明確に示すこと。そこから先は視聴者自らが作業をするに任せます。その意味で、私は自分の義務を果たしてきたと感じています。(32)

ロズニツァに言わせると、何が愛国的かをあらかじめ想定して観る者にそれを押しつけてくることも、政府が予算をバックに主題や内容に口を出してくることも、また映画アカデミーがナショナル・アイデンティティや使用言語を限定することも、全く余計なお世話なのだ。作り手が自分自身にとっての疑問の答えを探すこと、観客にも問いを投げかけ、答えを自ら見つけるよう感性的・知的な刺激とヒントを与えること。これが映画がなすべき事柄であって、世界観や答えの押しつけではないのだから。

五　バビ・ヤールの大虐殺

ここで、「バビ・ヤール」という場所がどんなところで、そこで何が起きたのかについて紹介しておくべきだろう。バビ・ヤール Babyn Yar / Babi Yar / Бабин Яр（ウクライナ語）は、キーウの西側の郊外に位置する「峡谷 ravine」と言われる場所である。バビは「老婆」を意味する「ババ」からくるそうで、Yar はテュルク語系のことばで谷を意味する。「バビ・ヤール：コンテクスト」には、ドイツ侵攻前に谷を掘って戦車の進軍を防ごうとする市民たちの様子が映ったクリップがある。これを見ると分かるが、バビ・ヤールはかなりだだっ広く四方八方に広がる長い窪地で、一部は水が流れ、一部は水のない川、その周囲が切り立った丘のような地形になっている（谷はのちに埋められたので、過去形にすべきかもしれない）。ドイツ侵攻前の映像に映るこの地は、その後起こる悲劇が想像できないほど穏やかである。晴れわたる空の下、女も男も総出でめいめいがシャベルを持って溝を掘り、ドイツ軍からの防御壁を作ろうとする姿は牧歌的にすら見える。

だが実は、溝が掘られていたこの場所にもまた陰惨な歴史が刻まれている。この場所はバビ・ヤールの外れ、スィレツ強制収容所（ドイツ侵攻前は赤軍野営地）の南、正教会墓地の西に位置する。ここに掘られた溝は、ドイツ軍の占領中ずっと赤軍兵士や市民たちの処刑と死体遺棄の場として利用されていたのだ。

それだけでなく、バビ・ヤールの地には多くの墓地があり、そこにさまざまな理由で亡くなった多様な人々が埋葬された。バビ・ヤールに最初に作られた記録が残っている建造物は聖キリル修道院で、十二世紀に遡る。十三世紀にはモンゴル人の侵攻で修道院は荒らされたが、十八世紀に再建された。その後この場所は傷病者のための施設に変わり、谷の南側には正教の墓地が作られた。十九世紀には谷の西側にスィレツの野営地が作られ、傷病者施設は精神病院となった。このころまでに、バビ・ヤールの周囲には多くのユダヤ人が住むようになっていた。そのため、ユダヤ人病院、ユダヤ人墓地が建設された。(33)

ロシア革命の時代、一九一八年になると、正教の墓地にはボリシェヴィキの侵入によって拷問され

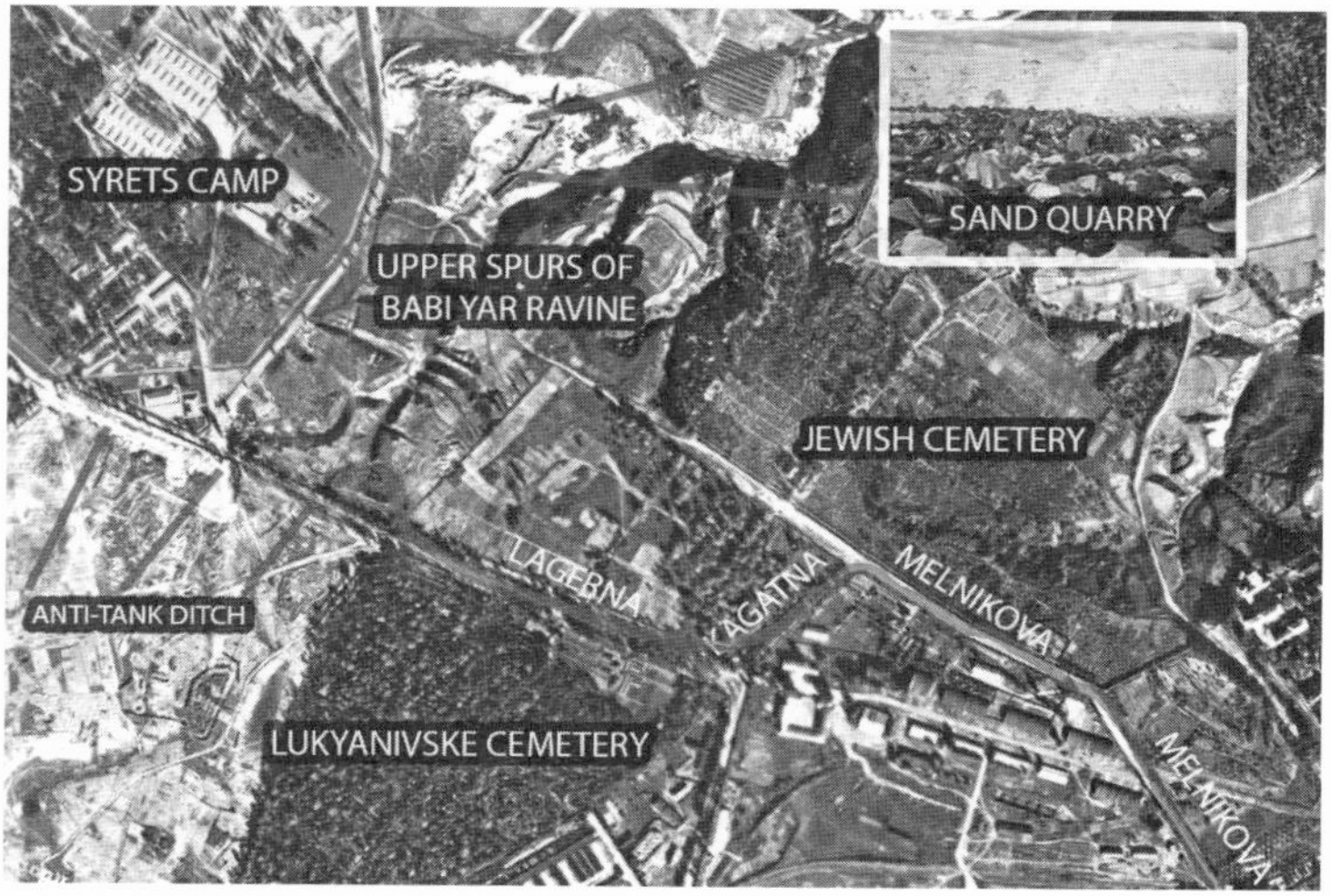

バビ・ヤール周辺地図

〔上左より〕スィレツ強制収容所、バビ・ヤール峡谷高台、砂地の石切場〔ユダヤ人はここに所持品と衣類を置いて歩いて処刑地に裸で向かわされた〕、ユダヤ人墓地、〔下中央〕正教墓地、対戦車用の溝〔本文参照〕Maksym Chornyi, 'Beyond Babi Yar: History in the Vicinity,' in War Documentary, 2020 年 12 月 26 日

処刑されたキリル刑務所の政治犯が埋められた。一九三二〜一九三三年にはホロドモールの犠牲者が埋葬され、一九三七〜一九三八年の大粛清時代にはこれまでになかった規模の処刑があり、無名墓地が増えた。このころには墓地の管理人はＮＫＶＤの指揮下に置かれ、峡谷の突起部分に囲まれて周囲から見えにくい場所に集団墓地が作られていた。[34] 大量処刑や虐殺を隠すために集団墓地が作られることは、二〇二二年にロシア軍撤退後のキーウ周辺やイジュームで集団墓地が見つかったことからも分かる。一九四一年、迫り来るドイツ軍を前にして、赤軍は政治犯を収容所に置いていかないために急いで銃殺したとされる。残った囚人はナチスによって解放された。これも

キーウ市民がナチスを歓迎した一つの「コンテクスト」である。またすでに指摘したとおり、NKVDは撤退前にキーウ市内のフレシチャーテク通りの建物に爆弾を仕掛け、キーウの人々はこれをユダヤ人の仕業と考えた。「バビ・ヤール：コンテクスト」の航空映像を見ると、一九四一年九月二十日に爆破された建物は何区画にも及び、一帯が廃墟となっている。[35] この映像は現在のウクライナの都市を思い出させる。

一九四一年九月十九日、ドイツ軍はキーウを攻め落とした。あまり知られていないが重要な事実として、ユダヤ人大虐殺の前の九月二十七日、実は最初にドイツ軍によってバビ・ヤールで殺害されたのは、聖キリル修道院があった場所（谷の北側）に建てられていた精神病院の患者たちだった。[36] これはナチスドイツによる、のちにつけられた名称では「T4計画」という名の、障害者の「安楽死」を思い起こさせる。T4計画で七万人以上、終戦までに十五万人〜二十万人の障害者が殺害された。ユダヤ人虐殺の前に障害者虐殺があり、ナチスはそのとき大量の処刑対象者をガス室で殺害するある種の「システム」を作り出していたのだ。バビ・ヤールでの集団処刑と谷への遺体の放置が、ユダヤ人の前に精神病院の患者に行われていたことは、T4計画という恐ろしい歴史的事実をも想起させる。[37]

そして、ドイツ軍の侵攻十日後の二十九日に、バビ・ヤールにユダヤ人たちが集められ、二十九日と三十日の二日間だけで三万三千七百七十一人が銃殺された。なぜこんなに多くのユダヤ人を短期間に殺害できたかについては、「バビ・ヤール：コンテクスト」にも証言がある。かなりシステマティックに連行と虐殺が行われたようである。見晴らしがよく逃げ場のないバビ・ヤールは、逃亡者の追跡にも適していたと思われる。独ソ戦では、ナチスの「アインザッツグルッペン（ナチス親衛隊の移動虐殺部隊）」主導のもとで、組織的な虐殺が占領された各地で行われた。ここにはソ連＝共産主義を敵と見なすイデオロギーと、ユダヤ人絶滅の人種イデオロギーとが混合しており、民間人を含む「敵」の殺害は、西ヨーロッパにおけるより容赦ないものだった（ドイツ軍人が共産主義を忌み嫌っていたこと、東欧に作られたゲットーが西欧には作られなかったことも関係している）。

バビ・ヤールの虐殺は子どもも例外ではなく、母親と引き離された上で銃殺された。母親たちは赤ん坊の命乞いをし、自分を殺して子どもは助けてくれと懇願したとされる。この地のユダヤ人は、バビ・ヤールに集まらなければ殺されるという、市内のあちこちに貼られた召集状に応じて集まった。[38] 彼らの多くはどこかに移送されると考えていたようだ。[39] だが実際には、すべての衣服を脱ぎ、持ち物を所定の場所に置かされた後に谷のくぼんだ部分に掘られた穴の上の崖に一列で立たされ、あるいは穴の死体の上にうつ伏せに横たわらされ、後頭部を銃で撃たれた。一列終わると次の一列が連れてこられ、死体の上に折り重なった。銃殺を拒否すると暴行されて殺された。死体の山からうめき声が上がるとそこを狙って撃たれた。死体はやがて層をなし、いっぱいになると土がかけられた。死体の処理にはソ連軍捕虜が従事させられた。虐殺隊は次々に場所を移し、朝から夕方の五時まで、二日間同じことがくり返されたという。[40]

六　ウクライナ民族主義と「ポグロム」

この出来事は聞くに耐えないほど残虐な話ばかりだが、あとにつづく歴史もこの土地に暗い影を落としている。まず、虐殺はこの後もつづき、別々の時期に殺された人々は次々と谷に埋められた。対象となったのは、ロマの人々、精神病院の患者たち、赤軍の捕虜、そしてウクライナ民族主義者組織（ＯＵＮ）のメンバーおよびナチ支配への抵抗者たちなどであった。一九四二年二月二十一日には、六百二十一人のＯＵＮメンバーがバビ・ヤールで殺害された。追悼のための木製の十字架が一九九二年に建てられている。なお、この追悼記念碑をめぐっては、ＯＵＮがナチスに加担したナショナリストであったと考える人々による批判がある。

批判の背景は複雑だが、現在のロシア侵攻の口実を念頭に置くときわめて重要である。ロシア流の歴史観では、一九四〇年頃からＯＵＮの指導者であったステパーン・バンデーラ（一九〇九〜一九五九）は、戦時期にナチに協力したファシストに他ならない。プーチンおよびロシア政府がウクライナ政府を「ファシスト」「ネオナチ」と呼ぶ最も強力な歴史的理由はここにある。実際のＯＵＮはソ連からの解放のためにドイツ側支持を表明するが、ウクライナ独立を容認すると見せかけたドイツに裏切られ、バンデーラは強制収容所に送られた。ＯＵＮは独ソ開戦後にはソ連とドイツの両方から迫害されるというとんでもない目に遭い、バンデーラは獄中で、ウクライナ蜂起軍（ＵＰＡ）がナチス側に立って戦うことを求められたがこれを断った。ＵＰＡは分裂したＯＵＮの再結集組とその他のナショナリスト、独立主義者によって一九四二年に結成された武装集団である。収容所で生き延びたバンデーラは、戦後もウクライナ西部でソ連への抵抗をつづけていたＵＰＡを支持していたが、一九五九年、ソ連ＫＧＢのスパイに潜伏先のドイツで暗殺された。ＵＰＡは第二次大戦後もウクライナ独立のために戦闘をつづけたが、ポーランド（一九四七年のヴィスワ作戦）とソ連の双方から軍事的攻撃や住民追放などを受け、一九五〇年に壊滅した。

OUNもUPAも独ソ戦前後には否定できない戦争犯罪を犯しており、話は複雑だ。「バビ・ヤール：コンテクスト」にも出てくる、一九四一年にリヴィウで起きたポグロム（先に引用したインタビューでロズニツァが言及していたもの）に関しては、とりわけ六月三十日から七月二日に起きた一回目の虐殺について、OUNとリヴィウ市民が民族浄化の目的で主導したという説がある。「バビ・ヤール：コンテクスト」にも、それを裏づけるかのような映像がある。リヴィウでもキーウ同様、ソ連軍撤退時にNKVDが囚人たちを殺害した。この責任がユダヤ人にあると考えたウクライナ人や警察補助隊が、ユダヤ人を殴打し裸にして連れ去る様子が映し出されている。この生々しい映像が、ロズニツァがインタビューで「リヴィウのポグロム」と言っているものである。

こうしたウクライナ人によるユダヤ人の殺害につづいて、ドイツのアインザッツグルッペンが主導する二回目のポグロムが、七月二十五日から二十九日に起きたという見方がある。しかし、いずれのポグロムもドイツ軍の関与と指導によるものだという説もある。いずれにしても、虐殺にはリヴィウ市民も関わっており、ドイツ軍が撮影していた写真からOUNメンバーの一部が特定されている。犠牲者の数は最初の虐殺が二千〜五千人、二回目が二千五百〜三千人とされるが、はっきりとは分かっていない。(41)

またUPAは、ヴォルィーニと東ガリツィア（ウクライナ西北部）で一九四三〜一九四五年にポーランド人の民族浄化を行い、子どもや女性を含む五万〜十万人を無差別に虐殺した事件の首謀者とされている。このことが、戦後ポーランドがUPA壊滅に手を貸した大きな理由となった。現在これらの地域はウクライナ人の人口比率が非常に高い(巻末のウクライナ基本情報を参照)。これは民族浄化によって、この地に住んでいたポーランド人やユダヤ人が大規模に殺害されたことと関係している。また、ウクライナ各地でのユダヤ人虐殺にも、当時ナチスに協力していたUPAの構成員が関わっていたとされる。

では、肝心のバビ・ヤールの虐殺についてはどうだろう。当時ドイツ軍に協力していたウクライナ民族主義者が虐殺に加担したという説は、ロシアのみならずイスラエルでも主張されている。虐殺についての目撃証言でも、ドイツ人のトラック運転手であるホファーという人物が、「ウクライナ人」がユダヤ人を処刑場まで連行し、服を脱いだり所持品を置いたりといった指示も行っていたと語っている。「すべてはとてもすばやく行われ、ちょっとでもためらう人がいると、ウクライナ人に蹴られたり押されたりして先を急がされた」[42]。

結局のところ、バビ・ヤールをはじめとするウクライナ諸地域での民族主義者のホロコーストへの加担は、必ずしも主導的ではないが、明らかに協力はしていたというもののようだ。ウクライナでの民族浄化について歴史的に検討しているジョン゠ポール・ヒムカは次のように述べている。

OUNが「ナチス支配下の」警察に入った目的が、とりわけユダヤ人の殺害だったという証拠は一切見つからなかった。だが、彼らが目標として、少数者を抹消し「ウクライナ人のためのウクライナ」を創造しようとしたことはたしかだ。OUNのメンバーはユダヤ人を殺すために集まったのではないが、西ウクライナでホロコーストに主要な役割を果たした武力に加わっていた。殺害場所であれ遠く離れた殺害場所に行くための駅であれ、犠牲者をそこまで連れて行くことで、彼らはドイツ人に奉仕した。この過程で、ウクライナ警察〔警察補助隊〕は数十万のユダヤ人の殺害に組み込まれていったのである。彼らはゲットーの守衛となって労働を強制し、彼らがかき集めて監視したユダヤ人にひどい扱いをして虐待した。破滅を運命づけられたユダヤ人をゆすって賄賂を取り、ユダヤ人が生き残るために絶対に必要な富を強奪した。(43)

七　東欧のユダヤ人虐殺と戦後

これは大変微妙な問題で、どのように書けばいいのか迷うところもある。少なくとも二十世紀前半の東欧史を調べていると、同種の戦時協力やユダヤ人の虐殺が、ウクライナだけでなく東欧各地で起きていたことが分かる。リトアニア、ラトヴィア、エストニアのバルト三国でも、またポーランドでも、ソ連憎悪とナチスへの期待の下でウクライナと非常によく似た構図でユダヤ人虐殺が起こっている。(44) リトアニアとラトヴィアについて、ティモシー・スナイダーは次のように述べている。

〔ドイツに占領されたのちに〕ポグロムが起きたのは、ソ連に占領されてからまだ日の浅い地域だった。ソ連の支配力は定着したばかりで、その前の数ヶ月間には、弾圧機関による組織的な逮捕、処刑、強制移住がくり返されていた。ポグロムは独ソ両国が共同で引き起こしたようなものだった。ソ連の原案がドイツの文脈に組み込まれた結果だったのである。(45)

これはとても恐ろしいが重要な指摘である。秘密警察の暗躍によって起こるのは、軍隊による制圧や駐留とは異なった事態である。そこには、スパイ、密告、暗殺、夜中の連れ去り、収容所送りと財産の没収、集団強制移住など、ありとあらゆる卑怯な無力化政策が内包されている。悪名高いＮＫＶＤが占領地の人々から心底恐れられ、憎まれたのは、これらすべてを細大漏らさず徹底的に実践したからだった。暴力と陰謀の支配によって恐怖と憎悪に取り憑かれた市民たちは、ナチスによるソ連の追放を当初は歓迎し、ドイツ人の統治に期待してユダヤ人虐殺に手を貸したのだった。そこには新しい支配者の歓心を買おうとする心情と、自らの恐怖と憎悪を解消するためのスケープゴートとして弱者であるユダヤ人を利用したいと願う心情とが混じり合っていた。

もう少しタイムスパンを長く取ってみると、これには東欧ユダヤ人がたどった独特の歴史的背景も関係している。そこには、ロシア帝国を筆頭とする各国の領土獲得戦争の影がつきまとっている。「ユダヤ人虐殺」を表現するのに、英語では Jewish massacre、ナチスによるものについては holocaust ということばが用いられる。ヘブライ語では shoah（絶滅）と言われる。東欧についてはロシア語起源の「ポグロム pogrom」がしばしば用いられる。日本語でも東欧圏でのユダヤ人虐殺はポグロムと呼ばれることがある。このこと自体、ナチスのホロコーストより広い範囲で、より一般的な名称としてロシア語のポグロムが使われる素地が、ロシア東欧圏に存在したことを示している。

東欧圏のユダヤ人をめぐる状況は、中世以来厳しいものであった。もちろん東欧にかぎったことではないが、商業の発達とともにユダヤ人への態度が徐々に変化していく西欧に比して、動乱のたびにユダヤ人居住区が襲撃された東欧・ロシアの状況は特異である。このことは、東欧の方が西欧よりずっとユダヤ人の数が多かったこととも関係している。

宗教改革の際、ルターが激しいユダヤ人嫌悪と暴力的排除を主張したことは知られているだろう（『ユダヤ人と彼らの嘘』[46]）。各地で迫害されたヨーロッパのユダヤ人たちは、中世から十八世紀まではポーランドで庇護を与えられたため、この地に集まっていた。しかし相次ぐポーランド分割、またそれに伴う領土の一部のロシア帝国への併合によって、ユダヤ人にとって安全な地は東欧圏に存在しなくなった。一八一九年に起こったドイツ、バイエルン州ヴェルツブルクでのポグロム以降、中東欧のさまざまな場所でくり返しユダヤ人の虐殺が起きる。ロシア帝国内では、一八二一年以降五度にわたってくり返されたオデーサでのポグロムがよく知られている。こうしたポグロムは、ベラルーシ、ウクライナ、モルドバなどの各地で起こり、現在のロシア西部でも起こっている。これらは、ロシア帝国の西方・南方進出による併合に伴う新たな獲得地に多くのユダヤ人が暮らしており、彼らが虐殺の犠牲となったために起こった。

こうした背景を考えると、第二次大戦時のユダヤ人虐殺の責任を「ウクライナ民族主義＝ナチスと同罪」というニュアンスで、そこだけ取り出して強調することはかなり躊躇される。そもそもウクライナにはガス室は存在しなかった。ナチス占領下のソ連地域では「銃殺によるホロコースト」が広範囲に行われたため、ガス室での大量虐殺のシステムは採用されなかったのだ。もちろん、その代わりにバビ・ヤールをはじめとする虐殺がソ連圏各地で行われたのだから、このことをどう位置づけるかは世界史全体の評価に関わってくるのだろう。

もう一つ付記すると、ポーランドでもベラルーシでもハンガリーでもクリミアでもロシアでも、ポグロムはウクライナ同様何度も生じていた。地元の警察や元ソ連軍の捕虜による協力も広く見られた現象である。[47] ナチスが去ったあとの東欧諸国でポグロムが生じたことも指摘されている。[48]

バビ・ヤールの歴史に戻ろう。スターリングラードでドイツが敗北を喫した一九四三年には、独ソ戦でドイツ敗北の色が濃くなり、ドイツ軍は占領地を捨てて逃げる準備をはじめた。衝撃的な映画「炎628」にも描かれているとおり、[49] この年はドイツ軍・赤軍・パルチザンが入り乱れて戦争の悲惨さが増していった時期である。ドイツ軍はバビ・ヤール虐殺の証拠隠滅のために、虐殺地点のすぐ近くの元赤軍野営地に一九四二年五月に作られていたスィレツ強制収容所の囚人たち三百二十七名(うち百名がユダヤ人)に、バビ・ヤールの虐殺地点を掘り返させ、虐殺の証拠を隠滅しようとした。

一九四三年の八月から九月の六週間かけて、囚人たちはバビ・ヤールから二年前の虐殺の際に出た大量の遺体を掘り起こし、焼却して灰を撒く作業に従事させられた。[50] 焼却炉は近くの墓地にある墓石を用いて作られた。誰かの墓石を積み上げて死体焼却炉を作るというのも信じられない発想だ。この作業に従事した囚人たちはあまりにもひどい経験のため精神に異常を来す者もおり、その場合容赦なく処刑されたという。

だが、極限状況下にあるこの作業中に反乱を起こして収容所を脱出した囚人が十五名おり(残りの囚人は口封じのため全員処刑された)、彼らがナチスによる隠蔽工作と収容所での過酷な生活について戦後に証言を行った。[51] 残された写真を見ると大量の遺体が収容所内に放置されており、そこもまた死と隣り合わせの場所だったことが一目で分かる。ナチス占領期のバビ・ヤールとスィレツ強制収容所付近での死者数の総計ははっきりしないが、収容所での二万五千人込みで七万人程度とされる[52]（ここには先ほど挙げたドイツ軍の侵攻を阻むために掘られた溝から見つかった遺体を含む）。十万人、十二万人という数字もある。[53]

赤軍によってドイツ軍が追い払われたのち、収容所は今度はナチスの捕虜たちの収容所として利用された。キーウでは捕虜となった三万六千九百十八人のドイツ軍人が五時間にわたって市内を歩かされ、市民の罵声を浴びた。その多くがＮＫＶＤの強制収容所に送られたが、一部の捕虜はキーウに残り、スィレツの収容所に入れられた。この収容所の捕虜たちがキーウの街で道路補修の作業に従事させられている写真も残っている。[54]

八　スターリンの反ユダヤ主義政策とバビ・ヤール追悼

スターリン時代のソ連がどの程度反ユダヤ主義的であったかについては諸説ある。だが、スターリンが公的・私的に反ユダヤ主義的な発言を行い、実際に反ユダヤ主義的な政策を「反コスモポリタン」キャンペーンとして一九四六年以降進めていたことは事実である。[55] 戦後のソ連でユダヤ人の影響力が大きくなることへのスターリンの恐れが関係していると言われる。そのため、一九四八年末から一九四九年はじめには、反ユダヤ主義はソ連の国策となる。国際関係の視点からも、冷戦の対立構図が明確化するなかでソ連のユダヤ知識人は西側寄りと目され、一部は収容所に送られ処刑された。たとえば一九四八年十一月には、百名以上のユダヤ人が逮捕された。その後も取り締まりと収容所送り、獄死が相次ぎ、多くのユダヤ人はイスラエルに亡命した。これに関連する一連の事件には、一九五二年に行われたソ連の「ユダヤ人反ファシスト委員会」の十五名に対する裁判と処刑も含まれている。(56)

大粛清をはじめとしてソ連においてくり返された大虐殺を、スターリン個人の性格だけに帰すことは難しい。アーレントは、ソ連がつねに漠然とした階級の敵ではなく、具体的な殲滅対象としての「客観的」な敵を必要としていたことを指摘している。それははじめ、かつての貴族やブルジョアたちであった。一九三〇年代には農民階級が労働者の敵となり、大粛清時代には官僚や知識人、将校が標的となった。第二次大戦直前にはポーランド系ロシア人が、戦時中はクリミア・タタール人とヴォルガ・ドイツ人が客観的な敵であった。(57)

クリミア・タタール人は、テュルク系民族（テュルク語系の言語を話す民族。歴史的にはトルコからモンゴルに至る広い範囲に住む人々を指した）で、イスラム教信徒であった。十三世紀頃からクリミア半島に住んでいたが、十八世紀のロシア帝国による征服とロシア人植民によって人口割合を減らした。一九四四年、全住民約二十五万人がスターリン体制下で中央アジアに根こそぎ強制移住させられた。一九九〇年代以降、徐々に帰還がなされたが、いまでもクリミア人口の三分の二はロシア系が占める。

ヴォルガ・ドイツ人は、エカテリーナ二世時代からヴォルガ川下流地域に移住したドイツ人である。ロシア革命後に自治共和国が作られたが、独ソ戦で解体された。住民たちはシベリアとカザフスタンに強制移住させられた。一九四一年九月三日から二十一日の三週間足らずで、ヴォルガ・ドイツ人自治共和国と近接するサラトフ州だけで四十二万五千人が移住させられた。ソ連全体では八十万人のドイツ系住民が移住させられたという。(58) 集団移送に携わったのは、やはりNKVDである。住んでいる民族ごと根こそぎ移住させる。しかも酷寒の地や人の少ないステップ地帯など、国土の広さと自然の過酷さを利用した民族抑圧は、ソ連に特有のものだ。

戦後すぐは捕虜経験のあるロシア人、西方に駐在した赤軍兵士が危険思想の疑いをかけられた。そして、イスラエル建国後にはロシア在住ユダヤ人が標的とされた。(59) 最近では、ロシアの敵はチェチェン人とウクライナ人である。(60)

ソ連にとっては、ユダヤ人たちの「歴史の証拠集め」自体が煙たい存在だった。註(21)で挙げた『ロシアユダヤ人黒書』は、第二次大戦中からすでに資料集めがはじめられ、戦後の非常に早い時期に東欧ロシア地域のユダヤ人がナチスによって受けた被害の記録や証言を広範囲に収録した、ナチスの犯罪行為についての記録集である。同書は、ソ連当局の許可が下りて一九四六年に出版が決定され一旦印刷されたものの、直前に取り消され、一九四八年に命令によって草稿を含めて廃棄された。結局スターリン体制下のみならずその後のロシアでも出版がかなわず、最初のロシア語版が出版されたのは一九八〇年、出版地はエルサレムであった(英語版一九八一年、イディッシュ語版一九八四年)。遺族が協力し追加の資料を加えた完全版は、ロシア語版が一九九三年にリトアニアのヴィリニュスで、英語版は二〇〇二年に出版された。(61)『黒書』は、証言、手記、手紙、ジャーナリストの記事など多くの素材を含んでおり、ここに記録された出来事は、ナチスの虐殺を「ソ連市民」に対するものとする公式史観にそぐわない、民族浄化とユダヤ人殲滅の側面を否応なく示している。二人の著者イリヤ・エレンブルグとワシーリー・グロスマンは、ともにユダヤ系のロシア人だった。検閲や出版禁止など多くの抑圧を受けたが、二人ともスターリンによって迫害された知性の典型とも言える。彼は「トレブリンカの地獄」（一九四四）で、世界に対してユダヤ人強制収容所の存在を知らせた赤軍従軍記者として、国際的によく知られている。戦後は徐々にスターリン主義に疑念を抱くようになり、この体制をナチにそっくりだと考えるようになった。ロズニツァは「バビ・ヤール：コンテクスト」でグロスマンの「ユダヤ人のいないウクライナ」を引用している。

グロスマンは戦後、スターリンに批判的なユダヤ人として迫害され、一九五〇年代〜六〇年代にかけて書かれた『人生と運命』はKGBに原稿を没収された。そして、強まるKGBによる監視と圧力のなか、一九六四年にモスクワで死去した。秘密裡に国外に持ち出された『人生と運命』の複写をもとに、一九八〇年にスイスで、またペレストロイカがはじまった一九八八年にはソ連でも同書が出版された。(62)

こうしたスターリンの時代のユダヤ人への半ば公然たる差別を背景として、ではバビ・ヤールの犠牲者たちはどうなったのか。戦後しばらくは、バビ・ヤールで虐殺があったこと自体、公式に認められることはなかった。もちろんその犠牲の巨大さは、キーウでは口伝えで知れわたっていた。そのため追悼の記念館や記念碑の計画は一九四五年から存在したが、ソ連政府に認められることはなかった。結局バビ・ヤールの地にはじめて建てられたのは、スターリンの死後二十三年を経た一九七六年の「ナチスの占領者によって銃殺されたソ連市民と捕虜のための記念碑」であった。つまりこのときにはまだ、バビ・ヤールの虐殺の主なターゲットがユダヤ人だったことは伏せられていた。

一九六二年に、ロシアの国民的作曲家であるショスタコーヴィチが交響曲第十三番「バビ・ヤール」を作曲したことで、日本でも多少ともこの地名は知られているかもしれない。この交響曲には非常に不気味な雰囲気の歌がついているが、これはエフトゥシェンコというロシアの詩人がバビ・ヤールの悲劇を歌った詩である。ショスタコーヴィチは、一九六一年に発表された「バビ・ヤール」というタイトルのこの詩に触発されて交響曲を作ったそうだ。詩自体もソ連当局に目をつけられ、祖国礼賛の内容に修正を強いられた上、ショスタコーヴィチの「バビ・ヤール」も初演の後はなかなか演奏の機会がなかったようである。(63)

ソ連当局はバビ・ヤールで起きたことを忘却の淵に沈めたかったのだから、その痕跡を消そうとするのも当然だった。一九五〇年、東西に長く延びた処刑場所を分断するように、新しい高速道路が建設されはじめた。また、バビ・ヤールの北に位置するレンガ工場の産業廃棄物でこの谷を埋め立てる計画が、キーウ市議会で承認された。

一九五〇年代にはスィレツ強制収容所跡に子ども電車が通るようになり、スポーツ公園、集合住宅も整備された。キーウのニヴキというバビ・ヤールのさらに西側に住んでいたロズニツァは子どものころ、スィレツにある水泳教室に通うためにいつもバビ・ヤールを徒歩で通っていたという。そのためこの不思議な景観の土地の歴史に、自然に興味を持つようになったそうだ。(64)

一方で、レンガ工場の産業廃棄物で埋め立てられたバビ・ヤールは排水設備に問題があり、常時洪水の危険に晒されていることが明らかになっていた。しかし市当局は適切な対策を講じず、とうとう一九六一年三月十三日、パルプを含んだ大量の汚泥が居住・商業地域に流れ込み、多くの犠牲者と建物被害が発生した。「バビ・ヤール：コンテクスト」のBYHMCが公開しているフッテージにも、このときの広範囲にわたる被害の様子が映し出されている。(65) だがまたしても、ソ連の情報統制でこの大災害の詳細は伏せられた。公式発表では百四十五人が亡くなったとされたが、実際の犠牲者ははるかに多いとする近年の研究もある。(66) 映像や写真によると、パルプを含む泥の粘度が高いため、ひとたび家が飲み込まれたら、水害時のように何かにつかまったり浮いたりして逃げることはできなかったと思われる。

ラジオフリーヨーロッパのサイトには、汚泥流入の際に谷から出てきたバビ・ヤール虐殺の犠牲者のものと見られる白骨の写真も掲載されている。汚泥被害の犠牲者の多さを隠すため、遺体はキーウおよび周辺の複数の墓地に分けて埋葬されたという。翌年谷は埋められ、公園に変えられた。のちに一九六一年の災害の被害者を追悼する記念碑も、バビ・ヤールに建てられている。

一九六六年にはユダヤ人たちが、バビ・ヤールの犠牲者を追悼する集会を、かつての処刑場に向かう通りの入口で開くようになった（ここには「死への道」と呼ばれる道標が建てられている）。のちにこの場所に記念碑やメモリアル・センターが作られることになる。一九八三年にバビ・ヤールに隣接したユダヤ人墓地の跡地に、テレビ塔建設がはじまった。このテレビ塔が、二〇二二年の侵攻でロシアから攻撃を受けて破損したものである。

この攻撃は、二十世紀全体に暗い影を落としてきたウクライナとロシアの長い長い関係史を、嫌でも思い出させる。まるで二十一世紀に「ソ連の亡霊」が甦りロシアと東欧を徘徊していることを象徴するような出来事であった。

　バビ・ヤールの大虐殺とソ連によるウクライナでの度重なる殺人は、歴史が覆い尽くすにはあまりにも大規模で、また近すぎる記憶である。だからそれはいまも、ウクライナという国がどのような理念によって結ばれるべきかを考える際、参照点となり論争の的となりつづけているのだ。(67)

第四章　秘密警察への返答――セルゲイ・ロズニツァ、映画と政治Ⅱ

全体的支配機構は自国内で陰謀的な活動を行う一方、非全体主義世界に対する陰謀、世界支配へのその要求を……しばしば平然と言いふらす。均制化〔グライヒシャルトゥング〕された民衆は全世界が自分たちに対して陰謀を行っていたのだといつも言われているので、陰謀の概念によって物を考えて行動することに慣らされてしまう。

ハンナ・アーレント(1)

一　秘密警察とハイブリッド戦争

バビ・ヤールをめぐる歴史、またより広くロズニツァが描くロシアとウクライナの二十世紀史をたどっていると、どうしても避けて通れない一つの主題が浮かび上がってくる。それが「秘密警察的なもの」だ。そしてこれはアーレントが『全体主義の起源』において、ソ連とナチの全体主義にとって最も枢要な政治装置の一つと見なしたものだった。

そこで本章では、ロズニツァの歴史観が浮き彫りになる「秘密警察的なもの」に対する彼の見方について、また「バビ・ヤール：コンテクスト」以外のロズニツァ映画がこの問題をどう扱ったかについて取り上げる。考察の糸口として、彼の歴史観が比較的まとまって述べられているラジオ番組収録時の映像（ロシア語、英語字幕）を、はじめに紹介しておく。

この対談は「ラジオ・ドリン」という番組で行われた。(2) アントン・ドリンというロシア人の映画批評家、ジャーナリストによる対談番組である。この人はかつて、歴史ある独立系ラジオ局「モスクワのこだま」でも働いていた。二〇二二年三月七日、ロシアの極右ナショナリストに殺害脅迫を受けてラトヴィアのリガに逃れた。ロズニツァとの対談が行われたのはリトアニアのヴィリニュスで、二〇二二年三月二十五日のことである。

ロズニツァは対談の冒頭で、ソ連の秘密警察創設者フェリックス・ジェルジンスキーについて語っている。ジェルジンスキーは一八七七年、ミンスク（現ベラルーシ、当時は帝政ロシア）に生まれたポーランド系貴族出身の人物であった。若い頃から社会正義に目覚めて共産主義運動に加わり、ポーランド帝政の秘密警察に追われる身となった。ところが革命後には、反革命分子摘発のために自らソ連秘密警察「チェーカー（チェカ）ＶＣｈＫ」の創設者となった（一九一七年創設）。これがのちに、ＧＰＵ（一九二二年〜）ＮＫＶＤ（一九三四年〜）ＫＧＢ（一九五四年〜）ＦＳＢ（一九九五年〜）へと連なる、世界最大級の秘密警察、諜報機関の伝統のはじまりである。(3) また、トロツキーは軍系列の諜報組織として一九一八年にＧＲＵを創設した。(4) 正義感に燃える人物が恐ろしい組織を作り虐殺を行うのは、ロベスピエールにも見られるように国家創成期の「テロル」につきもののようだ。

対談の一番はじめにジェルジンスキーの名前を出していること自体、ロズニツァの歴史観の表明となっている。ロズニツァは、「秘密警察的なもの」がソ連誕生以来連綿とつづいており、今回のウクライナ侵攻に至る過程で何度も表に出てきていることに注目しているのだ。注意して見れば警戒すべき出来事が多数起こっているのに、欧米や日本を含む外国は、ロシアでずっと力を持ってきた秘密警察的な行動様式の危険性に対して、長い間見て見ぬふりをしてきた。そして、ロズニツァにロシアの大国主義・拡張主義の「フロントマン」と形容されたプーチン(5)は秘密警察の直系で、中学三年生ですでにKGBを目指していた。(6)つまりプーチンは秘密警察以外の世界を知らない人間なのだ。だからすべての事柄を、秘密警察における諜報の発想で取り仕切ろうとする。

二〇一四年のクリミア侵攻あたりから、ロシアによる戦争は「ハイブリッド戦争」だと言われてきた。これは以下のいくつかの定義や考え方をふまえた用語である。小泉悠『現代ロシアの軍事戦略』によると、ハイブリッド戦争ということばを最初に用いたのは、米海兵隊のジェームズ・マティスと退役軍人のフランク・ホフマンで、二〇〇五年の論文においてであった。古典的な戦争のイメージには収まらない、多様な主体や手法による将来の戦争を総称して、彼らは「ハイブリッド」と呼んだ。これは、冷戦終結後に戦争が「テロとの戦い」という、明らかに以前の国家主体間の戦闘とは異なるタイプのものに移行しつつあることを念頭に置いている。また、二〇一三年には、ロシアのゲラシモフ参謀総長が軍事科学アカデミーで行った講演において、戦争と平和の区別が取り払われ、宣戦布告のない戦争が二十一世紀になって増えていることを指摘している。(7)

だが、こうした新しいタイプの戦争の兆しはそれ以前からあった。正規軍による戦争ではなく、ゲリラ戦という別の形の戦争が主流になっていくことは、カール・シュミットが『パルチザンの理論』（一九六三）ですでに主張している。(8) シュミットはパルチザン戦の出現を第二次大戦の民族解放軍などに見ているが、戦争技術の進展と武器の普及によって、ますますその力が制御困難となることを、ベトナム戦争の最中に言い当てていた。

ゲリラ戦においては、戦時と平時、戦闘員と非戦闘員、また戦いの前線と「銃後」との区別は曖昧である。こうした戦争が、第二次大戦後に世界のさまざまな場所で増えていったことは実感として分かる。実際、ある国が戦争の最中なのかそうでないのかはっきりしない例が増えている。最も典型的なのはアフガニスタンで、この国は一九七八年のソ連による侵攻から現在に至るまで、ずっと戦争や紛争が途切れたことがない。シリア「内戦」はもう十年以上つづいている。ウクライナのドンバス地域にしても、二〇一四年のドンバス侵攻以来、内戦ともロシアが仕掛けた戦争とも区別のつかない状態がずっとつづいてきた。二〇二二年二月二十四日以降は全面戦争に移行しているが、キーウのように戦闘の前線から遠く離れた場所に、時折ミサイル攻撃が行われ民間人が死傷する様子は、今回もまた平時と戦時、前線と非戦闘地域との区別が難しい戦争であることを示している。戦争が長期化すれば、さらにこの傾向は強まるだろう。

別の観点からいうと、平時と戦時を区別しがたい戦争とは、諜報と戦闘との境界が曖昧な戦争でもある。ウクライナ侵攻によって、ロシアによる「偽旗作戦」がすっかり有名になった。これは情報戦の一種で、偽情報による敵の撹乱は、どの国でも諜報活動の一環としてしばしば行われてきた。サイバー攻撃やハッキングも諜報活動の一部である。かつてのスパイは盗聴や盗撮、アンダーカバーによるターゲット組織への介入を行ったが、サイバー戦はコンピュータ技術の進展によってこれが形を変えたものに他ならない。

今回の侵攻では、軍の独立性が十分に保たれず、「政治」すなわちクレムリンの意向が強く働いたために、とりわけ初期にロシア側に大きな戦略的失敗があったと言われる。その後もロシアでは司令官が次々と解任され、軍事的に見て疑問視されるような作戦がくり広げられたことが、戦力として劣勢なはずのウクライナを持ちこたえさせた。(9) こうしたことがなぜ起こるのか。アーレントであれば、そこに全体主義国家における「軍の軽視」の傾向を読み取るはずだ。(10)

ナチスにおいて国防軍とSSとがしばしば折り合わなかったことはよく知られている。軍事訓練を受けた「戦士」である軍人たちには、絶滅収容所の世界は理解不能だったと考えられる。戦争が、ルールを持った戦闘によって軍隊と軍隊がぶつかり合い、戦場で勝敗が決するものだとするなら、そこには特定民族の殲滅などは無関係である。そもそもまともな軍隊であれば、徳ある軍人の矜持が、人の弱みにつけ込み不意打ちで襲いかかる秘密警察の卑劣と相容れるはずがない。(11)

ソ連の軍人たちもまた、秘密警察を手先として指導者が何の合理性もなくすべてを支配する全体主義に当惑したと思われる。こうして軍の元帥や司令官など、最高位にあった軍人のほとんどが、一九三〇年代の粛清でスターリンの秘密警察に抹殺された。第三章で言及した「縦深作戦」のトゥハチェフスキーや、「作戦術」のスヴェチンなどの優れた知性も例外ではなかった。

戦闘と諜報とが渾然一体となり、指導者の手先である諜報が軍隊に優位する傾向は、秘密警察が牛耳る、というより秘密警察が指導者の道具としてどんな卑劣な事柄をも躊躇せず実行する全体主義国家においては、見慣れた光景なのだ。

そのように考えると、「ハイブリッド戦争」といういかにも新しい感じの名称に惑わされなければ、こういったタイプの戦争は以前から見られるものの延長にあるともいえる。[12] 戦争が「ハイブリッド化」していく契機は、おそらく総力戦とナショナリズムの結びつきのなかにあるのだが、これについては註（8）の文献を参照してほしい。

では、戦争の「ハイブリッド化」のなかでも、とりわけロシアの場合にはその役割が大きい秘密警察と諜報活動の起源はどこにあるのだろう。イギリスのＭＩ５とＭＩ６の前身組織は一九〇九年、アメリカのＣＩＡは一九四七年に作られた。だがこれらの組織によるスパイ活動がさかんになったのは、冷戦以降ともいえる。

しかしこれにはより広い、しかも重大な意味での前史がある。機密と諜報によって敵の動向を把握し、夜の闇に紛れて暗殺するといったやり方は、マキャヴェリの「権謀術数」として、あるいは「国家理性」と「クーデター」の切っても切れない関係として、諸国家の競合と外交の誕生の時代である十六〜十七世紀にまで遡ることができる。つまり、近代の黎明期から外交における「国益」の追求と内政における治安の確保のために求められた「秘密政治 arcana imperii」の伝統が、現代における諜報の起源だと言える。[13]

リチャード・ディーコン『ロシア秘密警察の歴史』によると、ロシアに秘密警察の伝統を最初に持ち込んだのは、モンゴル人にまで遡る。チンギス・ハーンの西方遠征によって、モンゴル人たちが用いていた諜報が十三世紀のロシアにもたらされたという。そのやり方をそのまま受け継ぎ、恐怖、密告、諜報、警察によって支配したのが十五世紀末のイワン雷帝であった。イワン雷帝が作った「オプリーチニキ」という組織が、チェーカーの前身にあたるとされている。そこから十八世紀になると「外交官」が職業として登場し、彼らが専従の諜報の担い手となる。このあたりは十七世紀以降の西欧と同じである。

エカテリーナ二世時代には「秘密調査局」が作られ、エカテリーナの孫の皇帝アレクサンドル一世は、ナポレオンの秘密警察に倣って組織を強化した。そして、秘密警察はニコライ一世の時代にさらに権勢をふるうようになった。農村の隅々に至るまでの監視と密告の植えつけ、シベリア流刑、些細な理由での逮捕と処刑が頻繁に行われた。こうして、国家が抱える巨大な諜報組織が国そのものを動かし、それに反発する人々は地下組織を作って対抗するという伝統が、ロシアに定着していった。フランス革命が起きてから一世紀以上の間、ロシアで革命を押しとどめたのは秘密警察であり、それに対する人々の怨嗟が、ロシア革命の血なまぐさい暴力へと結びついていった。

民衆抑圧装置として、ロシア革命以前、アレクサンドル二世の時代に「オフラナ」という秘密組織が作られていた。ディーコンはこれを、「諜報活動と防諜活動が合体した包括的な組織であり、十九世紀後半に創り出された情報工作活動の最も総合的な形態であった。しかも、それは今日のソヴィエトの諜報・防諜活動組織の基礎を築いた」(14)と評価している。

さらにディーコンは、スターリンはこの世も末のような組織であるオフラナのスパイだったとしている。『ロシア秘密警察の歴史』第十章によると、二十世紀はじめ、スターリンはロンドンでオフラナの諜報活動に従事していた。真偽には諸説あるが、これが本当なら、帝政ロシアの終焉とともにオフラナは名目的には消え去ったが、スターリンは革命家に鞍替えして生き残ったことになる。民衆の側に立って帝政を打倒すると称して、権力掌握のために党友を次々に暗殺し、独裁者となった後は粛清と強制収容所送り、そして強制移住と流刑をくり返したのだから、この点ではプーチンはスターリンと似ている。後で触れるように、プーチンはKGB職員であったが、サンクトペテルブルク時代には「民主派」市長の側近となった。そして、自由と民主主義の味方のふりをして、現実には秘密警察の後押しで大統領の地位を得た。政権を取った後の独裁化についてはよく知られているとおりだ。

そうすると、秘密警察はロシアのお家芸で、チンギス・ハーンがロシアにこの大発明をもたらして以来、脈々と受け継がれた伝統ということになるのだろうか。一面ではそうかもしれない。だがやはり、スターリニズムにはそれまでの諜報とは一線を画する特徴がある。

アーレントは『全体主義の起源』のなかで、秘密警察に一節を割いて詳細な検討を行っている。そこで述べられているのは次のことだ。「全体主義的支配形態が出現するまでは、人々は正当にも秘密警察を〈国家の中の国家〉と形容していた」[15]。つまり、秘密政治の伝統の内にある秘密警察は、その他の政府機関からある程度独立していた。それによって大きな権力を握り、要人の弱みにつけ込んで政治への非合法な介入を行うことができた反面、それは単なる「恐喝独占権」に堕する危険をはらんでいた。そのため秘密警察は、つねに表舞台の政治制度との関係では正当性を疑問視される存在で、政府機関と国家にとってある種の「異物」でありつづけたのだ。

ところが、ナチズムやスターリニズム、つまり全体主義体制においては、秘密警察はもはや異物ではない。それは政治の目的達成のための第一の道具であり、その意味で指導者に完全に従属している。こうした特徴によって全体主義においては、逆説的なことだが、秘密警察には誰が国家の敵で誰を逮捕すべきかを決める権限は与えられなくなる。秘密警察は秘密をもとに人を陥れたり殺したりする権限を、もはや独立には保てなくなるのだ。それは指導者だけが持つ全権に変わるのである。しかも敵の範囲は、しばしば高官や秘密警察のメンバー自身にも及ぶ。側近を失脚させ、行方不明にし暗殺することに何の躊躇もない点では、スターリンはヒトラーを凌ぐ冷酷さを示した。こう考えると、スパイ映画のイメージとは異なり、全体主義の秘密警察とは、妄執に取り憑かれた指導者の手先となって秘密に深入りするほど、汚い人殺しに手を染めるだけでなく自らも抹殺される可能性が高いという、全くもって惨めな組織なのである。

第一章で取り上げたリトヴィネンコは、FSBのでっち上げ爆破事件を告発してFSBによって毒殺された。そのリトヴィネンコは著書のなかで、プーチン政権を秘密警察による国家支配の到達点として理解している。これは、ゴルバチョフとエリツィンの時代、つまり冷戦が終わった時代にその存在意義を失いかけた秘密警察が、息をひそめてロシアでの復権を画策した末の成果だった。こうして権力の座に返り咲いた秘密警察だが、今回の侵攻でFSBはプーチンの怒りを買ってその一部が追放された。スパイ組織が自らの安泰のために独裁者を祭り上げ、その挙句に独裁者の道具に成り下がるというのは、かつてアーレントが指摘したとおり、ナチスやソ連の全体主義以来くり返されるパターンのようだ。

ロシアではオリガルヒの暗殺も侵攻以来頻発している。現在のロシア政治では、昨日の友は今日の敵であり、プーチンのような諜報の世界にどっぷり浸かった独裁者にとっては、裏切りの兆候はどこにでも見出せるのだろう。それに加えて、疑心を暴力に変えて相手を抹殺する道具が手近にあるのだ。現在のロシアはこうして、スターリン時代を再演しているかのようだ。

ハイテク時代において、この「秘密警察的なもの」が諜報のプロフェッショナルと素人との区別すら曖昧にするしかたで展開しているのが、ハイブリッド戦争であると言える。第二次大戦前後の「秘密警察的なもの」の記憶をたどることで、現代の東欧圏における「ソ連の亡霊」の影響を理解しようとするロズニツァのアプローチは、こうした見方と整合的であるように思われる。つまり、技術の進歩でやり方は変わっても、いまのロシアやウクライナで起きていることは、もっと前の時代から徘徊しつづける「ソ連の亡霊」の仕業なのだ。

二　ナチス、ソ連と東欧諸国

一方で、秘密警察的なもの、諜報的なものの戦争のなかでの役割とそれに対する人々の反発もまた、第二次大戦においてすでに巨大になっていた。ロズニツァによると、戦後のウクライナでもロシアでも、第二次大戦について、ドイツ軍が突如としてソ連領内に侵入してきたという歴史観が広く信じられてきたという。たしかに、戦争を正規軍による戦闘開始や侵略、物理的な軍事装置による敵の圧倒と占領といった古典的な基準で捉える場合には、そう見えるのかもしれない。

だがよく考えたら、ナチスによる侵攻の動きをソ連が全く察知していなかったなどありえないことだ。たしかに今回のロシアによるウクライナ侵攻は、世界の不意を突くものだった(アメリカの諜報はロシア軍の動向を正確に把握し、侵攻開始の日付までほぼ言い当てていたが)。だがこれに対して、第二次大戦時のドイツは、すでに一九三九年にポーランドに侵攻し、しかもそれに乗じてソ連はポーランド東部にウクライナとベラルーシから侵攻していたのだから、その先を考えていないはずはない。ポーランドが単独で二大国を相手にできるはずはなく、ポーランド征服後はドイツとソ連の直接対決になるという展開は、予想の範囲内だったはずだ。

ロズニツァによると、スターリンにとって予期できなかったのは、すでに戦時体制下で多くの武器や戦車が揃っていたドイツとの国境地帯で、兵士たちがスターリンの方針に反抗してドイツ軍と戦わなかったことである。独ソ戦開戦に至るまでのソ連体制下での、NKVD主導による抑圧の歴史を少しでも思い出せば、これは当然のことのように思われる。だが、このことは現在もあまり知られていない。

実際は独ソ戦初期には、アゼルバイジャン人、アルメニア人、タタール人など、スターリンを憎んで反ソ連のために武器を取った多くの人たちがいた。こういう人たちと共通する心情を持っていた市民が、ウクライナでドイツ軍を歓迎して旗を振ったとしても何の不思議もない(ただしロズニツァは、ドイツ軍の暴虐にソ連の方がマシだと思い直し、彼らがドイツに反旗を翻した折り返し点が一九四二年だとしている)。少し思い返すだけで、大粛清時代の苛烈な弾圧、拷問や処刑、そしてホロドモールと大規模な強制移住のあとで、誰が喜んでスターリンのために自ら戦うだろうか。そのことを伏せたままで、第二次大戦を祖国防衛のための英雄的戦争であるとか、ウクライナでもベラルーシでも中央アジアでも、皆がソ連のために一致団結してナチスに対抗したなどと語るのは、恐ろしいまでの欺瞞である。

ロズニツァの見方は、東欧各地のポグロムを独ソの「合作」と捉える、すでに見たティモシー・スナイダー『ブラッドランド』の歴史観とも共通するものである。そしてまた、ナチズムとスターリニズムを「二つの全体主義」として捉えたアーレントの視角とも、共有する点が非常に多い。ソ連とドイツという二つの底なしの残虐に直面した占領地の人々が取った態度は、いずれかへの反抗のために他方の側につこうとしたものの、結局同種の残虐であることを知って絶望的な行動に出るというものだった。ソ連→ナチ→ソ連と征服者が目まぐるしく変わる地域に生きていたらと考えると、東欧の人々にはいくら同情してもしきれない。

また、第三章で述べたとおり、ロズニツァは偶然発見したナチス侵攻当初のキーウでの爆発の映像を「バビ・ヤール：コンテクスト」のなかに入れている。さらにこの爆発がユダヤ人を一掃するという決定のきっかけとなったことが、当時の映像で明かされている。たしかに、バビ・ヤールの虐殺にウクライナ人たちが加担した理由として、彼らのユダヤ人不信があった。その理由の一つとして、この爆発がユダヤ人によって引き起こされたというデマが信じられていたことがある。日本の関東大震災での朝鮮人虐殺を思い浮かべると、非常時にデマがパニックを引き起こし、マイノリティへの暴力を誘発することは容易に想像される。ましてや関東大震災の場合とは異なり、本当にいくつもの建物が爆発しているのだから、犯人捜しが行われるのは当然だ。

こうした噂の背景には、ユダヤ人は悪名高いＮＫＶＤの手先であると思われていたという状況があった。その憎悪がユダヤ人虐殺への加担につながったというのは、ナチス侵攻当初のキーウ市民の複雑な感情を想像すると理解できる。彼らにとって、ソ連のやり方、つまり市民を抑圧し軍やNKVDに従わなければ容赦なく収容所送りか死刑に処す恐怖政治は唾棄すべきものだった。ロズニツァの言うとおり、多くの人がソ連を憎んでいた。その矛先が、ドイツ軍進軍時の混乱と、おそらくNKVDによる工作によって、ソ連政府ではなくユダヤ人に向けられたのだ。[16] ユダヤ人憎悪とナチス受容が相まっての犯罪への加担の伏線として、キーウ市民がヒトラーのポスターを貼ったりブロマイドを奪い合ったりしてナチス進軍を歓迎している姿が、「バビ・ヤール：コンテクスト」で映し出されている。

映画の結末には、キーウ中心部にあり、のちにマイダン革命の舞台となるカリーニン広場（現在の独立広場）での戦犯たち（アインザッツグルッペン）の公開処刑の様子も含まれている。多くの市民が見物する公開処刑で終わる点では、この映画はロズニツァを有名にした「包囲」（二〇〇五）と似ている。「包囲」は第二次大戦時のレニングラード包囲戦を、残されたフッテージをもとに市街地内部から描いたものだ。徐々に街が破壊され、建物の残骸と道端の死体が目立つようになり、文字どおり死んだ街となる。最後のドイツ軍人の公開処刑シーンで「何か」が終わったという結末がつくのだが、実はここで何が終わったのか、あるいは何がつづいていき、くり返されるのかを問い返したくなる余韻を残す映像になっている。

その意味では、「バビ・ヤール：コンテクスト」が観る者に強いる問いは、現在の状況を考えると切迫している。戦後の軍事裁判と公開処刑で戦争犯罪の結末がついたと、広場に集まった民衆たちは思ったことだろう。だがこうした裁判や処刑によっては、本当はごく一部を除いて何も解決していないのだ。多くの事実が隠蔽され、罪に問われるべき者のうち特定の側の特定の人間だけが裁かれたこと、多くが何の審問も受けないまま生き残り、残された無数の死体たちからの問いかけに耳を塞ぎつづけたことを、市民であれば皆知っていたはずだ。

三　謝らない国、ロシア

ロズニツァにとっては、こうした欺瞞と偽の物語の延長上に、現在のロシア侵攻も位置づけられる。ドイツは戦争に敗れ、ヒトラーは自殺し、ナチスの軍人も戦争犯罪人として裁かれた。もちろんこの裁きが十分かどうかという問題はある。だが、表立ってヒトラーやナチスを賞賛したり正当化することはこれ以降できなくなり、敗戦国ドイツは国として謝罪を行った。この点は日本も似ており、戦争犯罪人は東京裁判で裁かれ、日本は平和憲法を持つことになった。

ロズニツァは、ナチスの戦争犯罪を裁いたニュルンベルク裁判を「真実との和解」のプロセスと捉えている。同様の意味で、日本の東京裁判も日本の人々が過去の戦争と向き合い、政府が公式に国策の誤りを認める過去との和解のプロセスだったと言えるだろう。ただし、責任と謝罪もまた忘れ去られる。昭和天皇の存命中は、東京裁判で天皇の戦争責任が問われなかったことが問題となった。だが令和の現在、誰もそんな話をあえて持ち出す人はいない。この例一つ取っても、十分な謝罪、反省、補償があったかはまた別の話だということも分かる。(17)

ではソ連はどうだろう。スターリンは戦前に大粛清を行い、自分の周りのほぼすべての人、とりわけ軍人、政治家、学者、知識人を虐殺した。ウクライナでは翌年播く種まで穀物を取り上げるホロドモール（人工的大飢饉）で大量餓死を引き起こした。また、目障りな民族は片っ端から強制移住の対象にし、集団農場の失敗や強制収容所で多くの命を奪った。これは紛れもないジェノサイドである。そのうえ、ドイツに侵攻されて瀕死のポーランドを逆側から攻め、多くの命を奪って領土欲を満たした。占領後にカティンの森でポーランド人将校、警官、政府の役人などを虐殺し、その罪をナチスに着せようとした。敗戦直前の日本に日ソ中立条約を破って参戦し、北方領土を取り上げた。兵士や一般人五十七万五千人をシベリアで抑留し、約五万五千人が死亡した。(18)

しかしドイツに勝利し「戦勝国」となったソ連は、たとえどんなに残虐なふるまいを占領地のドイツで行ったとしても、また敗残日本兵や満洲の日本人をシベリアで虐待したとしても、どの国からも責められることはなかった。さらにスターリンの死後、その時代の誤りを認める「スターリン批判」は頓挫し、結局ソ連体制そのものが行った犯罪は一度も裁かれてこなかった。つまりソ連政府は、過去の虐殺や非道な行いについて、それを認めて謝罪する経験を持たないまま現在に至っているのだ。そしてこうした歴史は、長きにわたってロシアのふるまいを規定しつづけている。ロズニツァはこの見方を、長く生きるほど正しいと思うようになったと語っている。

このロズニツァの見解に関しては、次のことが言える。たとえば『ブラッドランド』を読むと、戦後のソ連で大規模に行われたグラーグ（集中収容所）(19)への収容や強制移住は、まるでナチスがやったことのつづきのようだ。こんなことがあのような悲惨な大戦のあとに平然と行われたのは、スターリンが大戦前からつづけてきた大規模な犯罪行為が、一度も裁かれなかったことと無関係であるとは到底思えない。

このような歴史の見方は、ロシア知識人には一定程度共有されているようだ。たとえば作家のミハイル・シーシキンは次のように述べている。「ロシアには脱スターリン化も、ソ連共産党のための「ニュルンベルク」もなかった。これがプーチン政権の誕生につながった[20]」。

また、こんなことがなければ世界に名前を知られることなどなかったはずの、キーウ近郊の小さな町であるブチャの市長アナトリー・フェドルクの次のことばも印象深い。「ロシアとの国境沿いでこれまでに起きた戦争でも、ロシア軍は戦争犯罪の責任を免れてきました。第一次チェチェン（一九九四〜九六年）、第二次チェチェン（一九九九〜二〇〇九年）をはじめ、南オセチア紛争（二〇〇八年）、そしてクリミア半島が併合された二〇一四年以降の戦争です。しかしロシア軍は戦争責任を問われなかった[21]」。

抑圧者は軍事的に強ければ責任を問われない。これは現在の国際政治システムの途方もない欠陥である。

もっと現在に近い歴史を見た場合、今回の侵攻の直接の前触れとして、ロズニツァはまずチェチェン戦争を挙げている。チェチェン共和国初代大統領ドゥダエフ[22]が、チェチェンの後にはジョージアが、その後にクリミアとウクライナがロシアに攻撃されると一九九三年に予言したことを挙げ、ドゥダエフの慧眼を讃えている。ちなみにチェチェンの歴史は悲惨そのものだ、もとはといえばスターリン体制下で激しく抑圧され、一九四四年からはチェチェン人全住民の強制移住という絶滅政策の対象とされた。そして、ロシアからの独立を期した一九九〇年代から二〇〇〇年代の二度の戦争で、ドゥダエフは戦死し、グロズヌイの街は完全に破壊され、残党も含めて独立派は十年かけて抹殺された。

現在のチェチェンの首領カディロフを見ると、この国がいかに惨めな暴力以外何も残さなかったかを痛感させられる。[23] ロシア軍は一度は敗走したのに機をうかがって再度執拗に攻め込み、一方に暗殺やスパイ、他方に市街地殲滅爆撃といういつもの手法を用いて、チェチェン独立派を内側と外側の両面から追いつめた。ロシアのやり方は、スパイを送り込み組織を腐らせることと、市民生活を破壊して独立の気概を挫くことの両面からなる。諜報、スパイ、暗殺にかけては、ロシア以上に長けた国は見つからないだろう。長期間かけて対立勢力を根絶やしにするロシアの手法が、ここに遺憾なく発揮されている。これをすぐそばで見てきたウクライナが、侵攻後にロシアとの全面対決を選んだのは、自らの運命を理解した上でのことだと考えると悲痛である。

譲歩はつけ入る隙を与え、内側から人心を腐らせる諜報の餌食となる。全面対決は街の徹底した破壊と容赦ない人的被害、殺戮の地獄を呼ぶ。それが分かっていて、いったいどちらを選べばいいのだろう。

四　ロズニツァ映画に見る「政治と嘘」

ここまで見てきたように、第二次大戦期のウクライナと東欧の歴史は、地獄のパンドラの匣のようなありさまだ。だがまさにこの歴史と地続きに、いまのウクライナがあり、ロシアによる侵攻があることが分かるはずだ。

このようにふり返るなら、ロシアはペレストロイカからソ連解体にかけてのほんの短い間だけソ連であることをやめただけだったということになる。そしてNKVDからKGB、FSBへと受け継がれた秘密警察の人脈は、その間も途切れることはなかった。エリツィン時代のオリガルヒやシロヴィキの台頭をその兆候として、KGB直系のプーチンがスターリン的な支配、そしてそれを可能にした共産主義独裁と帝政ロシアの圧制を歴史観から丸ごと引き継いだということになる。もちろんそうでなくなる可能性はあったはずだ。歴史の分岐点は一九九〇年代に何度かあっただろう。しかし現実となったのは秘密警察のヘゲモニー奪取による最悪の独裁の継承であり、ふり返ればロシアはずっとその芽を残していたのだ。

もちろん、この責任をロシアとロシア人民、あるいは秘密警察の伝統だけに負わせるのは酷だ。世界の反対側には、一九九〇年代に「歴史の終わり」などと唱えて調子に乗ったアメリカ新保守主義の世界戦略、とりわけ軍需産業とCIAの暗躍があった。民間軍事会社を作ったのもアメリカだ。グローバルに展開された新自由主義政策の下での貪欲な利益追求が、政変が起きたばかりのロシア東欧を餌食としたのも事実だろう。NATOの東方拡大も、それだけ切り離して捉えることができない歴史のうねりであり、西側の富と浪費の世界全体への侵食が関係している。グローバル化とは、米欧による植民地主義の新しい姿だったのだ。

だがここは、それについて論じる場ではない。ロシアのやっていることに「バランスを取った」見方をすることは一つの罠でもある。あちら側とこちら側の政治的な動きを、性急に因果で結びつけることは慎むべきだ。そして、物事を歴史的一回性のうちに捉えるならば、第二次大戦前後のソ連とスターリンのふるまいは、現在のウクライナを理解する上でやはり決定的な重要性を持つ。

バビ・ヤールの虐殺から視界を広げて、以下ではロズニツァの他の映画を取り上げる。そのなかで、ロズニツァ特有のテーマの政治性がどのように発揮されているかを読み解いていくことにする。

一つ目に、「政治における嘘」の問題を彼がどう扱うかについて見ていく。「ドンバス」には冒頭と末尾に、フェイクニュースのやらせ映像に出演する「役者」たちが出てくる。このエピソードをはじめとして、「ドンバス」を構成する十三のエピソードはすべて、ドンバス侵攻に関連してネットに上げられた動画をヒントに、ロズニツァ自身が創作したものである。つまり、ドンバス侵攻がはじまってから実際に起きたこととして素人がネットに上げた動画をもとに、その「事実」をフィクション作品を通じて伝えようとした映画ということになる。俳優のカメオ出演もあり、虚実が入り混じった作りになっている。

映画冒頭の役者たちは、ウクライナ側によるバス爆破を目撃したことになっており、そのときの様子をニュース番組で証言する。死傷者が出た設定になっているが、火が出ている爆発現場はすべて作られたセットである。嘘は嘘を呼び、バレないようにするために周到な口封じが行われる。虚偽を作り出し、あとで関係者の口を封じるのは秘密警察の常套手段だ。チェチェン侵攻の口実として秘密警察が起こし、のちにリトヴィネンコやポリトコフスカヤが暗殺される原因となった、モスクワの高層アパート爆発がすぐに思い浮かぶ。秘密警察のノウハウは、ドンバスのような紛争地域では、由緒正しい諜報機関から現地での暴力行使を束ねる人々に伝授されているのだろう。大がかりな嘘を舞台上で演じ、それが嘘であることを知っている人間たちの口を封じる。これはロズニツァがかつて取り上げた、一九三〇年の粛清裁判である「産業党事件」と構造としては同じである。

「粛清裁判」は、一九三〇年の産業党事件における裁判官、検事、被告、証人の映像を編集したドキュメンタリー映画である。全くのでっち上げ事件について、そうだと知りながら本当のことであるかのように、二時間にわたって熱弁する関係者の映像は驚異である。裁判官も検事も事件のすべてがでっち上げだと知っていたというのもびっくりだ。だが何より、弁護人を立てずに自らの罪とソ連の素晴らしさ、西側の腐ったイデオロギーを滔々と述べ立てる被告たちの演技力には目を見張るものがある。彼らのセリフには台本があったはずだ。あんなに長いセリフを記憶して澱みなく話すとは、プロの役者でも難しいのではないだろうか。しかもこの人たちは全員が本物の大学教授、裁判官や検事なのだから、演技は素人だろう。たしかに芝居がかった台本は演劇のようで不自然だが、それを補って余りある迫真の演技で、裁判の場に集まった満員の聴衆たちは大喜びで観ている。そして裁判所の外では、熱狂した民衆が、「ポワンカレに死を！」などと書かれた横断幕を持って練り歩いているのだ（ポワンカレは当時スパイが情報を流していたとされたフランス大統領）。

嘘と分かっている事件で自らに充てがわれた役を熱心に演じる大学教授や裁判官たち。被告は銃殺を免れたとしても強制収容所送りになることが決まっている。彼らが消えなければ裁判が嘘だとばれるからだ。それを知っていて自分の罪を述べ立てる被告の姿は異様である。そして裁判に熱狂して、吹雪の街をものともせず連日連夜歓声をあげて練り歩く民衆たち。彼らは熱狂を演じているのか、あるいはもはや演技こそが真実となっているのか。

だが、事件はなかったのに流刑と処刑はあったのだから、やはりこの裁判はある意味では事実、本当に起こった出来事なのだ。そしてこういうでっち上げ事件では、「事実＝嘘」を知る人間は訴追側といえどもその身は危うい。現にこのとき最後に「全員銃殺だ」と大演説をぶった検事長ニコライ・クリレンコは、一九三八年に大粛清で銃殺された。

一方、裁判長はアンドレイ・ヴィシンスキーで、この人は検事のクリレンコとペアで、でっち上げ裁判の常連「出演者」だった。産業党事件の前から被告による偽の罪の告白をショーのように見せる裁判で裁判官を演じており、スターリンの犬となることで大粛清と戦後を生き延びた（この人はポーランド出身で、もちろん本物の法曹家・法学者である）。ヴィシンスキーは、一九三九年以降ウクライナやラトヴィアでその「手腕」を発揮して多くの政治犯を有罪にし、ヤルタ会談やポツダム会談でもスターリンに同伴した。スターリン時代をしたたかに生き抜いたのち、一九五四年に心臓発作で死去したとされる。ロズニツァは自殺の疑いがあると映画の最後の字幕で説明している。(24)

何が事実で何がフィクションなのか。ソ連とロシアの歴史においては、その境界はどこまでも曖昧である。産業党は存在しなかった。だから西側への情報漏洩スパイ疑惑もすべてでっち上げである。しかし裁判は実際に行われ、関係者は財産を没収されて収容所送りになり、銃殺された。裁判所の外で熱狂する民衆はたしかに存在した。だがそれは当局によって動員された人たちかもしれない。演技として撮影されたのかもしれない。

また、公開裁判に臨席した聴衆は、芝居がかった被告人の罪状認否をどこまで事実と受け止めただろう。もしかしたらこういった芝居に慣れてしまい、プロパガンダ映像ばかり見させられていると、それ以外の真理、「ほんとうのほんとう」なるものを想像できなくなるのかもしれない。これはおかしいと思ったって、何か言えば自分も収容所送りだ。被告の多くが銃殺という判決に満足そうな顔で裁判所をあとにする観衆たちは、何を事実として受け止めていたのだろうか。それとも全体主義の社会では、頼まれもしない人を含めて全員が演技をしているのだろうか。

事実とフィクションが反転し、どちらがどうなのか分からなくなる構造は、「ドンバス」でも踏襲されている。二〇一四〜二〇一五年頃、フェイクニュースの制作のためにロケバス内に集まった「役者」たち。彼らの冒頭の会話はとてもリアルだ。一人ひとりに日常生活があり、つまらないいざこざや生きる上での悩みがある。一方で、彼らが撮っている映像はすべてでっち上げだ。フェイクのなかにいる人もまた演技の外では日常を生きており、その意味ではリアルな存在なのだ。「舞台裏」であるロケバスは、そのリアルを見せる格好の場面としてロズニツァによって選ばれている。ところがその存在のリアルさこそが、フェイクを作る側にとっては邪魔になるのだ。同じ人が別の現場のニュースで再度証言しているのは奇妙だろうし、近所の住人に何か喋ってしまうかもしれない。

だから彼らは消される運命にある。ニュースはフェイクでも、生身の人間が消去される際の暴力は現実である。何人もの「役者」が、舞台裏のリアルであるはずのロケバスのなかで銃殺される。だがその現実はあっという間に、やらせを指揮した支配勢力、あるいはその背後にいる秘密警察以外の、別の犯人による銃撃事件という物語によって覆い尽くされる。予定されたとおり銃撃現場にすばやく到着したテレビ局のクルーたち。彼らの取材に応じる「本当に起こった」銃撃事件の証人たちが、ただの目撃者なのかあらかじめ仕込まれた役者なのかは分からない。

「ドンバス」は、最初のロケバスのシーンが最後に再演され、円環が閉じる作りになっている。最後に至って最初のシーンを思い起こすと、どこからが仕組まれたことなのか、誰がどの程度のことを知っていたのかも分からなくなる。真理と虚偽が混濁し、実際に暴力があり人が死ぬこと以外、何が真実なのかがぼやけていく。これが秘密警察のやり方なのだろう。現在激戦がくり広げられるドンバス地方では、こうした嘘や欺瞞、そして死に至る暴力と虚偽の言い訳がくり返され、砲撃が止まない「リアルな」戦争にまでつながっているのだ。そう考えると、激しい戦闘に身を投じる兵士や爆撃に晒される住民がますます気の毒になる。

彼らが晒されているのは、死に至る爆撃だけではない。一人ひとりの死の文脈や背景を嘘で固めて政治的に利用する、その意味で尊厳を奪い取る非人道的な行いなのだ。ロシアで人の命が軽いとは、単に兵を捨て石とすることを意味しない。どのように生き、なぜ死んだかを丸ごと嘘に飲み込んで真実を隠す。そのようにしてある人が生きた痕跡も周囲の人々にとっての死の意味も失わせてしまう、そういった暴力に人を晒すのだ。

バビ・ヤールで起きたことも、こうした歴史の一部である。被害者たちはナチスに殺され、スターリンによって再び黙殺された。死の意味と文脈をはぎ取り追悼すら許さないというのは、政治による大いなる暴力である。

五　暴力について

二つ目のテーマは、すでに何度も出してきたことばだが、暴力についてである。「ドンバス」には「ハラスメント」と形容されるべきシーンが多い。たとえば、車を盗まれたビジネスマンが、現地の「警察」（ノヴォロシア人民共和国連邦の治安組織）から連絡を受ける。車が見つかったから取りにこいということなのだが、行ってみると車を「軍」が使うことを認める書類にサインするよう迫られる。自分の車を取りにきた所有者ははじめ拒もうとするが、だんだん車どころではなくなってくる。車の所有権放棄だけでなく、多額の現金を用意しなければこの場所から出ていくことは許されないと言われる。男性が別室に連れていかれると、同じような目に遭った人たちが大勢いて、現金を工面してくれるよう皆手当たり次第に電話をかけつづけている。要するに、この治安組織は車を盗んでそれをエサに金を持っていそうな所有者をおびき出し、借金までさせて彼らから現金をゆすり取るのだ。

これはハラスメントではなく、所有権の侵害、財産の詐取だと言われればそうだ。だがここには、ハラスメント的な言動から暴力のほのめかしまで、切れ目なく連続する「嫌な感じ」が溢れている。嫌悪感は最大級だが、実際の殺人や暴行のシーンはない。嫌がらせの言動、汚いことば、脅しの圧力、銃を持って歩き回る「民兵」たち。彼らの視線は恐怖を呼び起こす。ここにあるのは、暴力をちらつかせ人を萎縮させる「不穏な空気」なのである。

もう一つは、親ロシア側の支配地域にある自宅を追い出された住民たちが、一時帰還を認められ、自宅に向かうバスでの嫌がらせだ。バスはそこかしこにある「検問所」でしょっちゅう停められる。そのたびにどんな嫌がらせをされるか分かったものではない。持っている食べ物を分け与えるだけで引き下がる民兵はかなりマシな方だ。嫌がらせをしようと決めている兵士たちがいる場所では、住民はバスから降ろされる。ある場所では男性だけが降りるよう命令される。バスに乗っている住民は男性は若い人が多いが、身の危険があるからなのか、女性はそもそもおばあさんばかりである。

バスから降ろされた男性たちは、全員が上半身すべて脱ぐように指示される。真冬のウクライナ東部で、雪の野外で服を脱ぐよう命令されるのだ。もたもたしているとどつかれ、急かされる。そして、戦闘に参加せず、避難民となっていることを至近距離から大声でなじられる。暴力ぎりぎりで罵倒をつづけるのは、女性の民兵ボスである。この人のセクハラっぷりは大したもので、「女が戦っているのになぜ男のお前らが戦闘に加わらない」と至近距離から罵声を浴びせる。ここには性規範を最大限活用し、男性に屈辱を味わわせる仕掛けがある。これは戦争という非日常のなかでその価値が強調される、「男性らしさ」の強要であり、それに反すると見なされる者は、まずはハラスメントを受ける。しかしここでは、ハラスメントは暴力と地続きであり、ちょっとでも反抗したならすぐさま暴行を受けるだろう。暴行は拷問と地続きで、拷問は収監および処刑へとつながっている。

これが「実効支配」の実態で、親ロシア派の統治による住民の「ナチ」からの解放だとするなら、誰がこんな解放を望むだろうか。

他方で、女性への暴力は「ジェントル・クリーチャー」で十分すぎるほど描かれている。主人公の女性が置かれているのは、小さいものから大きいものまで、嫌がらせと嘘と尊大さと意地悪が渦巻く世界である。この作品のタイトルは、ドストエフスキーの同名小説（日本語タイトル「やさしい女」）から取られている。[25] 小説とのストーリー上の連関はないが、「ジェントル・クリーチャー」の主人公の女性は、[26] たとえばロベール・ブレッソン監督の「やさしい女」で主人公を演じたドミニク・サンダより、かなりドストエフスキーの原作のイメージに近い雰囲気をたたえている。ロズニツァがこの中編小説を意識しつつ、全く内容の異なる作品を同じロシアを舞台に描いたと考えると興味深い。貧者は誇りを傷つけられ、純粋な魂を持つ若い貧困女性は出口のない暴力に晒されるという点で、両者には共通するテーマがあるからだ。

まず、郵便局の窓口にいるのが、共産主義時代の悪しき下級役人の典型のような最低最悪の人間だ。郵便局員には女性が多いのだが、この人たちは全く必要のない嫌がらせや無視や木で鼻を括ったような対応を、気分次第でくり返すのだ。相手によって対応が異なるなどここでは当たり前の光景だ。しかも彼らは、権力を持った者に従うとか規則通りにするとかいった分かりやすい行動様式ではなく、何の理由もなくえこひいきや意地悪をくり出す。規則が支配する上意下達の官僚制が行きわたったはずの世界に、実は全く規則などないという現実。小さな権力を持つ者は、規則のふりをしてただの嫌がらせを無際限に行うことができる。これはカフカが一生かけて追求したテーマだ。ロズニツァはおそらく『城』や『審判』をイメージしながらこの作品を撮ったのだろう。

一見小さなものに見える制度化された嫌がらせは、この国のシステムすべてがこのような理由のはっきりしない悪意と憎しみと出し惜しみと不親切に貫かれていることを示す。その先にあるのは、権力を持つ者も持たざる者も双方を全面支配する、怒りであり暴力である。そこから密告、収監、行方不明、拷問、不審死へと切れ目なくつながっている。

こうした場所では、弱者には「敵」が必要である。そして、日々理不尽な目に遭いつづける貧しい田舎の人々は、政府から与えられた敵を自らの敵として口汚くののしることしか思いつかなくなっている。悪いのはロシア政府ではなくアメリカであり、「西側」の腐敗した金満生活なのだ。もちろん、「鉄のカーテン」の向こう側とこちら側で罵倒し合うのは、冷戦期から見慣れた光景である。だがここには、どうしようもない非対称が存在する。それは、物理的にも精神的にも貧しさのなかに打ち捨てられたロシアの小さな刑務所の町（映画では架空の町）に暮らす人々は、「西側」の生活にどこか嫉妬し、羨ましく思っている。だが逆は成り立たない。これはプーチンが愛人一家をスイスに住ませ、娘たちはイギリスに留学させるといった行動にも見て取れる。オリガルヒはなぜロンドン郊外に大邸宅を買うのか。なぜイギリスのサッカーチームを持ちたがるのか。一方で、アメリカの大富豪が愛人をロシアに住まわせるなど聞いたことがない。

これは、かつて鉄のカーテンの向こう側にいた人々の行動様式を理解する上で、見過ごすべきでない事柄だ。国家元首から田舎町の貧しい住民まで、西側には自分たちにはない何かがあると心のどこかで羨んでいる。こういった心理も手伝って、刑務所の町の人たちは人権活動家が大嫌いだ。人権を口にする者は、アメリカのスパイかその価値に毒された人非人である。また、刑務所で音信不通となった家族、たとえば父親や夫の消息を知ろうとして人権団体を頼ってくる女性たちは、全員売春婦だということになっている。なぜ売春婦かというと、人権などという西側の理念に頼ること自体、自分を金で売り渡しているという意味で売春婦と同じという理屈なのだ。

こうして「ジェントル・クリーチャー」に出てくる人権団体は、建物にひどい落書きをされガラスは割られ、相次ぐ訴えを処理する暇もなく、スタッフは絶望的に不足している。代表のおばあさんは、当局による取調べの際の性的拷問を訴える手紙をタイプ原稿にするために読み上げているが、ここでの拷問の内容は、チリのピノチェト政権下で市民に行われた拷問を題材とした映画「死と処女」に出てくるものとそっくりだ。[27] この拷問は、女性器に電気の棒を突っ込んで激しい痛みを引き起こし火傷を負わせるというもので、映画でこの経験を告白するシガニー・ウィーバーの迫真の演技が忘れがたい。

最近新疆ウイグル自治区を逃れた女性からの告発では、彼らの収容施設（中国政府は強制収容所を「再教育施設」と呼んでいる）では激しい拷問があり、得体の知れない薬が使われ、ウイグル族の男女の強制不妊手術が行われているようである。[28] 秘密警察は新しい手法を発明するのではなく、同じような卑怯で残忍な技術を世界中で使い回しているのだろう。秘密警察的なものは途方もなく凡庸で無思考だ。同じやり方を単調かつ無慈悲にくり返すことで、人間が持つ想像力だけでなく生きる気力を挫くための装置なのだ。

ロズニツァの映画では、主人公の女性は最終的に激しい性暴力を受ける。だがロズニツァは、このシーンをいきなり見せたりはしない。そこに至るまで徐々に暴力と不寛容と人間性剝奪の度合いが高まっていくように、映画全体を構成している。あるインタビューで答えているが、暴力の見せ方には注意が必要だということだ。観客がそれをきちんと受け止めるためには、作品のなかで暴力に至るプロセスが重要なのだ。[29] いきなり激しい暴力や行き過ぎたシーンが登場すると、観る側がそれを受け止める準備ができていないということが起こる。

周到な準備と前提を置いた上で、彼の性暴力シーンの描写は独特である。そこでは、性暴力がまさに暴力であること、些細な嫌がらせからだんだんと高まる暴力性の延長上に、完全に人格性を無視した暴力として展開されることが描かれているからだ。

いちいち引き合いに出すべきではないかもしれないが、これを、現在ロシアで愛国映画として視聴されている、アレクセイ・バラバノフの「ブラザー」における性暴力と比較してみる。(30) そうすると、ロズニツァが性暴力を描く際の気合あるいは覚悟が、多少とも理解できるからだ。

「ブラザー」では、主人公と親しくなる路面電車の運転士の女性が、彼の居所を追うギャングにレイプされるシーンがある。これはごくありふれたレイプシーンだ。なんと言えばいいのか、レイプされそうだなと思ったらレイプされる。筋書きのなかに組み込まれた「性暴力」なのだ。被害女性はたしかに辛そうにしており、レイプされた後は泣いているのだが、これもまた定型化されたレイプ描写で、いわば記号化されて安心して見られる情景になっている。どれほどひどいことが起こったのか、想像力が必要とされることはなく、見る側が痛みを感じるリアルさに欠けている。まるでレイプ被害にあった女性が、嫌々ながらもそのことを受け入れて前を向いて生きていきそうな感じだ。作品はレイプを告発するわけでも非難するわけでもなく、お話のなかのサブエピソードの一つにすぎない。

ちなみにロズニツァはあるインタビューで、自分の映画とバラバノフの映画に似ているところがあると言われて、かなりの不快感を示している。その際、「ブラザー2」の有名なセリフ、「強さは真理のなかにある」について、「ギャングたちが大真面目にこんな妙に「哲学的」な会話をしているのを聞くと、まるで世界のどこにも哲学など存在したことがないかのような居心地悪さを覚える」[31]と言っている（インタビューの英訳者は「ブラザー2」のセリフを間違えて訳している）。

元のセリフは映画の英語字幕によると「言ってみろアメリカ人。強さはどこにある？　金か？　俺の兄貴は金だと言った。お前は金持ちだ。だから何だ。俺が思うのは、強さは真理のなかにあるってことだ。誰であれ真理の側に立つ人間の方が強いんだ」となる。この映画をロシア人が喜んで観ているると思うと、もはやどこから突っ込んだらいいのか分からない。政府がフェイクニュースと言ったらすべてフェイクニュース認定されてしまう法律が作られた国で、真理こそが強さであるとは悪い冗談だろうか。

この国では真理は嘲笑の的であるか黙殺されるかで、独裁者だけが政治的理由に基づいて正しさと間違いを決められる。そこでは真理を告げる者は、貶められ、罵倒され、嫌がらせを受け、勾留され、収容所に入れられ、「再教育」を受けさせられる。また、たまたま真理を知ってしまっただけで暗殺の対象となる。真理は強さではなく、人に攻撃される弱点そのものだ。この国で真理なんかにこだわったら、ろくなことにならないのは目に見えている。

「ブラザー2」では、アメリカ黒人は「野蛮人」であるかのように描かれている。一作目ではチェチェン人が野蛮の代表だった。また、地元のマフィアに代わって今度はウクライナマフィアが、金に群がる腐った悪の権化として描かれる。こんな人種差別のマフィア版水戸黄門みたいな話のなかで、ロシアのギャングがしたり顔で真理について意味深なセリフを言うなんて、哲学もへったくれもない。たしかにこの映画を観ると、「世界のどこにも哲学など存在したことがないかのような」気持ちになる。

一方、ロズニツァの映画では、性暴力シーンは突然の闖入の形で起こる。女性がレイプを予感して怯えながら待っているかのようなバラバノフの描写は、考えてみれば男性都合のおかしな話なのだ。ロズニツァは、性暴力を受ける女性が途中で諦めて従順になるという、定型化された、しかし女性にとって見るに耐えない描写を拒絶している。性暴力を受ける女性の叫びは、痛みに耐えかねる人の声であって、「性」とは無関係だ。観ている側は性暴力がただの暴力にすぎないこと、それも著しく度合いの強い暴力であることに思いを致す。

この描写と、「ドンバス」での女ボスの暴力すれすれの嫌がらせとを併せてみると、暴力というものが何の躊躇もなく赤裸々に行使される際には、そこにしばしばジェンダーが織り込まれているということが分かる。相手に嫌な思いをさせることと身体的暴力とが一体となって行使される究極的な場合、それはたとえば、ブチャの虐殺死体に見られたような拷問の後の処刑の体裁をとるのだろう。男性の場合には、身体の一部を損傷させ、後ろ手に手錠をかけたり目隠しをして並ばせ、順番に射殺すること、生きたまま火をつけること。女性の場合には、捕虜となった兵士の戦意を挫くために頭髪を剃り上げ、裸にすること。レイプの後で射殺すること。

つまりここでは、性的な暴力は人の尊厳を傷つけ、身体を損傷させて人間性を奪い、生命そのものも奪い、死後も遺体を破壊し放置してさらに尊厳を奪う、そうした戦争暴力の一環なのだ。ロズニツァの他の映画には性暴力のシーンはあまり出てこない。彼は女性が主人公の「ジェントル・クリーチャー」では覚悟を決めて、考え抜いた末にレイプシーンを描いたのだろう。性暴力とは暴力なのだ。

六　眠るロシア、目覚めるウクライナ

ラジオ対談で挙げている書籍からして、ロズニツァは研究者のように丹念に英語のものを含む歴史文献を読んでいるようだ。また、「バビ・ヤール：コンテクスト」で集めたフッテージは膨大な量で、使用されていない素材が大量に残されているという。そのなかには、第二次大戦でのありとあらゆる処刑の映像も含まれている。彼は集めたフッテージをすべてチェックしたので、ものすごい数の処刑シーンを観たと話している。それを使って新たなドキュメンタリーを作ることも考えているという。(32)

では、こんなにも苦労して、ウクライナの悲しい歴史やソ連の集団ヒステリーに満ちたアーカイヴを集めてドキュメンタリーにし、地獄めぐりのようなフィクション映画を作って、人々の反応はどうなのだろう。カンヌ映画祭に集うような、社会問題に関心があるふりをするのがセレブだと思っている批評家連中にもてはやされても、肝心のロシアやウクライナではどう受け止められているのだろう。(33)それについてのロズニツァの考えは分からない。ただ、ロシアの人々はいまこういう状態にあると、ロズニツァが考えているのではないかと思わせる映画があるので紹介したい。

それは、一つの場所での人々のありようを彼がカメラマンと定点観測した短編ドキュメンタリーである。英語のタイトルは「THE TRAIN STOP（THE HALT）」（二〇〇〇）。田舎の鉄道駅の映像だ。吹雪が激しい真冬の駅の待合室にはドアが一つあるだけで、寒さをしのぐためか窓らしきものはなく、外からなかは見えない。列車の汽笛と灯りの下のドアの映像のあと、場面が切り替わる。どうやら大き

な箱のようなその待合室のなかを映しているらしい。ここで何が起きているかというと、列車を待っているらしき人たちが熟睡している。とにかくひたすら、全員が寝ている。いびきをかき、寝息を立て、椅子に座ったり、場所がない人は地べたの壁にもたれて。冬なので彼らは厚着だ。途中汽笛が鳴るのは、列車の通過を知らせているのだろう。汽笛の音はかなり大きく、耳をつん裂くような甲高さだが、誰一人目を覚ますことはない。

ときおり寝返りを打ったり、薄く目を開ける人がいる。起きて何かがはじまるのかと期待するが、すぐに目が閉じていく。まるで猫の昼寝を観つづけているようだ。私はこの映像を、はじめフィクションの演技だと思った。延々と寝ている人の演技をさせて撮影するってどういうことなんだろうと。しかしあとでロズニツァのインタビューを読んだところ、この人たちは全員この駅にたまたま居合わせた単なる乗客だと分かった。信じられないほどの熟睡ぶりだ。

たとえば、母親が小さな子どもをおそらくはじめは抱いて寝ていたのだろう。いつの間にか子どもはずり落ちて、親の脚の間で立った状態になっている。親は子どもの両脇を脚で挟んだままベンチに座って眠っている。子どもの方は支えられて立った格好になり、服はまくれあがってヘソ出しの状態で熟睡している。どちらも全く動かない。よくこんな格好で寝られるものだ。他の人たちも、狭い待合室でかなり無理な体勢で寝ている。しかし寝苦しそうな人は一人もいない。とにかく皆、寝ることに夢中なのだ。

ロズニツァは、モスクワからサンクトペテルブルクに列車（エレクトリーチカ）で移動する際、途中で列車がなくなり、カメラマンのパヴェル・コストマロフとともにマーラヤ・ヴィシュラ駅[34]で降ろされた。サンクトペテルブルクから百五十キロほどの駅だ。マイナス三十度の気温のなか列車から追い出されて行くところもなく、ドア一つ、窓のない五×五メートルほどの大きさの建物に入るしかなかった。その場所こそ、この熟睡待合室だったのだ。みんなが眠りに眠っている。この光景に映画的興味を抱いたロズニツァは、一年間この駅に通いつめ、映像を撮りためてドキュメンタリーに仕上げたのだという。二カ月に一回、一度に三〜五夜を費やして映像を撮影したという。(35) できた映画はわずか二十四分の長さである。どうやって編集したのだろう。恐ろしいプロ根性だ。

もちろん、使われなかったフィルムのなかには、寝ていない人やおしゃべりしている人もいたかもしれない。そうだとしても、私たちが観られる映像では、とにかく全員が、信じられないほどの深さで眠りつづけている。汽笛の音にも誰も動じない。この人たちはなぜ目を覚まさないのだろう。なぜこんなに深く眠り込んでしまっているのだろう。だんだんと、彼らがわざと目を覚まさないようにしているんじゃないかと思えてくる。そうだ、これはもしかしたら「いまのロシア」なのではないか。ロシアの人々は、長きにわたって酷い目に遭わされすぎて、支配者に翻弄されるのに慣れきってしまったのかもしれない。だから彼らは眠りつづけることに決めたのだ。目を覚ましたところで、ろくでもない現実が待っているだけだ。眠っていればそんなことを気にする必要もない。

ロズニツァはこの映画の後、ロシアの人々の眠りを覚まそうとするような映画を次々と発表する。だが彼らはいまも、あるいはいまのような重大局面でこそ、汽笛の音にも無反応で眠りを貪りつづけているようだ。ロシア人はいつになったら目覚めてくれるのだろう。

では、ロシア人はずっと眠りこけてきたのだろうか。彼らは目覚めのときを待ちながら、圧制に沈黙し、ロシアが帝政以来国の内外に生み出してきた犠牲を、悪い夢であるかのようにずっとやり過ごしてきたのだろうか。これを考える前に、まずはウクライナの「目覚め」についてふり返っておきたい。

ウクライナという国について、日本では今回の戦争まで具体的なイメージに乏しかった。チェルノブイリの国、旧共産圏で汚職が絶えない国、政変が多く安定しない国、政治家が毒を盛られる国（ヴィクトル・ユシチェンコの例）と、あまりよくないイメージばかりだったのではないだろうか。

ウクライナを知る人たちが指摘するように、独立後のウクライナはずっと難しい政治運営を強いられてきた。二〇〇四年の大統領選挙に対する抗議運動で表面化したとおり、ソ連崩壊後のウクライナは地理的にも歴史的にも、徐々に「ロシアかヨーロッパか」の選択を迫られるようになっていた。このときには「オレンジ革命」が起こり、選挙の不正を訴える市民たちがヤヌコーヴィチを大統領から引きずり下ろした。ただしこの出来事を、「EU寄りの民主派対ロシア寄りの独裁派」と括ることも難しい。ウクライナには東部・南部と中央部・西部とで、地理的にも歴史的にも、ロシアに近いかEUに近いかという違いがあった。東部・南部はロシア語話者やロシア人の割合が高く、またソ連時代からの工業地帯で、ウクライナ人が多い穀倉地帯の中央部・西部とは対照的である（巻末のウクライナ基本情報を参照）。

もちろん、ロシア人が多い地域というのは「自然に」そうなったわけではない。元いた民族を強制移住させてロシア人の植民を行い、産業を開発したという過去がある。現在、ウクライナ東部・南部のロシア占領地域で行われていることを、もっと大規模にやっていたということだ。そうした歴史的経緯はどうあれ、ロシア人が多くなった地域では、ロシア寄りの政権を支持する人が増える（それがロシアの狙いでもある）。

これに対して、ウクライナの西側は、ポーランド、スロバキア、ハンガリー、ルーマニア、モルドバと接しており、これらの国はモルドバを除いてNATOとEUに加盟している。この事実がロシアを焦らせたと言われる。ウクライナと国境を接する国でNATO・EU非加盟はベラルーシ、モルドバ、ロシアだけである。ロシアにとっては、たしかにだんだんと敵が近づいてくると捉えられても仕方がない状況かもしれない。だが見方を変えると、主権国家である周辺の国々にとって、ロシアの焦りに自国が巻き込まれるのは全く迷惑な話だ。ウクライナ侵攻について、ロシアの気持ちも分かる、もとはと言えばウクライナがロシアを刺激したのだという日本でしばしば見られる主張は、ウクライナが長い間ソ連・ロシアに何をされてきたかを想起すると、遠い国からの無責任な言辞としてしか響かない。

ソ連崩壊後にまさに国の西と東から引っ張られたウクライナは、その後も政変に苦しんだ。ロシアとの結びつきを重視し独裁的手法を用い、オレンジ革命で一度退陣したヤヌコーヴィチが、二〇一〇年に大統領に返り咲いた。だが二〇一四年の「マイダン革命」で、ウクライナの人々はまたしてもEU寄りの民主体制を選んだ。そして、マイダン革命後に選ばれたポロシェンコ大統領は「バビ・ヤール」記念計画のところでも述べたとおり、ウクライナの右派、つまりナショナリスト的な政策に傾斜するようになった（ただし、外交上はロシアとの間でミンスク合意を交わすという大きな妥協をした）。だが、二〇一九年の大統領選挙で、汚職撲滅を掲げ「国民の僕」というイメージ戦略に訴えたゼレンスキーに敗れた。ゼレンスキーは研究者の息子で、自伝的設定を取り入れたテレビドラマ「国民の僕」に出てくるような、慎ましい階層の出身である。(36) 故郷はウクライナ南部、ザポリージャ原発から西に百キロ強に位置するクルィヴィーイ・リーフで、ロシア語話者のユダヤ人である。

このように見てくると、今回のロシアによる侵攻の背景も、少しは理解できる気がしてくる。ウクライナは地域によって政治的な立場の違いがかなり鮮明で、国全体としてもロシア寄りになったりEU寄りになったりする。ゼレンスキーは当初必ずしも明確にEU寄りではなく、ドンバスをめぐってはロシアと対話路線を取ろうとした。だがこの方向性について、国内のナショナリスト勢力からの厳しい批判に晒され、また汚職対策がうまくいかないことで支持率が下落し、ロシアへの強硬路線に転換したと言われる。

このように述べると、政治的な内幕、政変や政敵同士の関係、オリガルヒの影響、地域による政治的な温度差、大衆的人気を得るための大統領候補の戦略、そして大国ロシアによる圧力と秘密警察、エネルギー小国ウクライナのロシアへの依存と経済協力、EU加盟のハードルの高さなど、政治情勢や地政学的な知識でウクライナ情勢が理解できるような気になってくる。人も、国も、地域も、自らの利益実現を求めて政治や社会に関わる「ホモ・エコノミクス」であると想定するなら、そうなるだろう。

だが、ロズニツァの「マイダン」は、これとは全く別の見方でマイダン革命を映し出す。マイダン革命を利害の政治史として理解するなら、ウクライナ西部・中央部の利害がEU寄りになっているのに、中央政府がロシア寄りの政策を取ることで生まれた齟齬による政治的騒乱だと言える。ところが「マイダン」を見ていると、ではなぜそれが「革命」と呼ばれるのかと問いかけずにいられなくなるのだ。

この出来事が「ユーロマイダン」と言われる所以として、それが単にEU寄りの抗議運動という以上の、これまでになかった新しい価値を市民が選び取ろうとする粘り強い政治活動であったことが、この映画のなかで静かに描かれている。それはひるがえって、ヤヌコーヴィチ政権がロシアとの結びつきのために、「秘密警察的なもの」、つまり陰謀、汚職、暴力、賄賂、人権抑圧といった事柄をふり払うことができなかったという事実を浮かび上がらせる。マイダンにおける市民の役割を考えると、緩衝国家[37]は地政学上必要な役割を果たしつづけるしかない、NATOの東方拡大にロシアが怒るのは当たり前だ、ウクライナ東部はそもそもロシア系が多いのだからなど、ロシアによる侵攻も手段は悪いがやむを得ないというような論調は、政治において「地政学的」な要因以外の価値が作用することを無視していると言わざるをえない。

国際政治を諸国家の利益の用語で語るなら、たしかに地政学は魅力的かもしれない。[38]大国が資源を欲しがったり領土欲を満たしたりすることも、地政学のなかではいい悪いは別として「リアリスティック」な前提とされる。大国というのは領土欲を持つものだ。あるいは現に領土的野心に従って行動しているのだから、その良し悪しは措いて状況を分析すべしということだろう。この見方を国内における人々にも適用して、そのふるまいも「リアリスティック」に捉えるなら、マイダンにおける市民の行動に神話化すべき点は何もない。裏にはそれぞれロシアとアメリカの諜報機関や政治家の思惑があり、今回は抗議者たちをアメリカがうまく煽動したのだといった、舞台裏の暴露に終始することになる。

ロズニツァは、こういった冷笑的で第三者的な、あたかも当事者に分からないことをあとからの観察者の方が分かっているといったスタンスを拒絶する。ミネルヴァの梟が夕暮れに飛び立ったとしても、それが理解したことは事態の渦中にいた人たちの身に起こったこととは無関係だ。ミネルヴァの梟も夕暮れも、イントラ・フェストゥムの人々にとってはクソ喰らえなのだ。ロズニツァは徹底して、マイダンの内部から、つまり現在「独立広場」となっている、キーウ中心部の運動の中心地の内側で、カメラを回しつづける。

その記録が「マイダン」なのだが、本編がはじまると映像に対する説明のセリフもキャプションも、また効果音などもほとんどなくなる。つまりまたしても、観る側は画面の前に放り出されてしまうのだ。いったい何が起こっているのか。これからどうなっていくのか。皆がマイクや拡声器で順番にしゃべっている。歌いはじめる人がおり、周囲が唱和する。広場近くの建物ではボランティアによる食事が提供され、寒さのなか人々は温かいスープを求めて並んでいる。二〇一三年十一月にはじまったこの運動は、年を越して二〇一四年二月末までつづいた。つまり真冬のキーウの寒さに耐え、人々は毎晩夜を徹して広場を守ったということになる。

ある種牧歌的でフリーマーケットでも開いているような雰囲気の幕開けから、だんだんと事態は緊迫していく。二月には、特殊部隊も導入されて警官隊とデモ隊との間で衝突が起こる。この頃になると、女性は広場から離れるようにという警告の放送が流れ、ヘルメットなどを被ったデモ隊が火炎瓶で治安当局に応戦するさまが映し出される。放送ではつねに医者か医療関係者が求められている。死傷者が出ている様子が、砲撃の音から推測される。最後の方では、周辺の建物からデモ隊への発砲があり、衝突が激化し死者が増えていく様子が、最前線近くから撮影されている。

ここで何が起きたのか。集まってきた人たちは、めいめいが好きな服装で、ギターや打楽器、笛や管楽器を持った人もいる。ドラム缶がそこここに置かれ、木を燃やして暖を取っている。あちこちにテントが張られている。夜間には交代で見張りが行われ、飲み物を持った人が誰彼なくそれを配っている。後ろに巨大スクリーンがある野外ライブ会場のようなところで、いろんな人がマイダンへの思いを演説する。とりとめのない内容の話もあれば、感動的なほどうまい演説もある。

家具や廃車、そして無数のタイヤを使ってバリケードが築かれている。その向こうに装甲車が見える。ヘルメットを被り、盾を持った警官隊が並んでいる。軽装のデモ隊と制服姿の警官隊とが至近距離で対峙し、広場には煙が充満する。まるで花火のような音が響く。夜間に行われた犠牲者の追悼式の映像もある。スマートフォンのライトを掲げて皆が哀悼の意を示す。広場は悲しみに包まれている。

ロズニツァは二人の撮影監督とともに自らカメラを回しているのだが、よく被弾しなかったものだと思うほど最前線に近づく、というより最前線の方が彼らに近づいてくる場面がある。彼のやり方は、ドキュメンタリーに主人公視点を持ち込まないところに特徴がある。誰かを追うのではなく、ある場所で起こっている出来事を追うのである。

そこでは次々にいろいろなことが起こるが、何らかのストーリーに沿って展開するのではない。ただ、寒い広場での忍耐強い抵抗、延々とつづく演説、歌と踊り、炊き出しの準備、バリケードの強化、行進と抗議のデモンストレーション、警官隊との対峙と衝突、暴力、負傷、煙、焼け焦げたタイヤと車が、日を追って深刻になる対立状況を映し出しつづける。

二時間以上にわたるその映像を観ているうちに、この広場を埋め尽くす独特の雰囲気に観客はだんだんと入り込んでいく。広場で演説に聞き入る群衆。太鼓を叩き、叫び声を上げる人たち。旗を持って連帯の意を表する人たち。そうか、ここにいる人たちは、まさにそこに現前する「自由」を感じているのだ。そして、演説を聞く無数の人々の顔は緊張感に溢れ、期待に満ちている。それは来るべき自由を待っているからなのだ。

ヤヌコーヴィチは私腹を肥やし、御殿のような家に住んでいた。ここは、現在では「汚職博物館」として一般公開されている。豪邸の庭になぜか動物を集めて飼っていた。[39]「市民ケーン」みたいだ。ヤヌコーヴィチはマイダン革命で所在不明となり、クリミア経由でロシアに逃亡したことがのちに判明した。当時のウクライナ経済の状況から、ロシアのエネルギーを安値で仕入れるために、EUとの協定よりロシアとの関係を選ぶというヤヌコーヴィチの選択は、それ自体経済合理性としては納得できる部分がある。しかし、マイダンに集まった人々はヤヌコーヴィチを嫌っていた。その政権運営は腐敗しており、旧態依然たる「ソ連的」なやり方に、資本主義導入による巨額の資金の不透明な流れを混ぜ合わせたものだった。ヤヌコーヴィチ政権下のウクライナは、ロシアと同じくごく一部の人に金と権力が極端に集中する社会であった。

人々がこうした「腐った」政権にうんざりし、社会を変えたいと願うことは、「ロシアにつくのと

ＥＵにつくのとどっちが得か」という話とは位相が異なっている。彼らは、旧ソ連の価値観を引きずる政治から決別すると同時に、味方になるなら優遇するが敵になるなら攻撃すると恫喝するロシアのやり方とも手を切りたいと考えたのだ。ロシアは実際そのとおりの発想で動き、マイダン革命での政変後にクリミアを併合し、ドンバス地域に二つの親ロシア派共和国を作らせた。

恫喝と報復で相手を手なずけ、従順であるかぎりは支援を約束する。これはベラルーシのルカシェンコに対して、現在ロシアが行っていることである。ルカシェンコを見ていると、愚かな道化となっても権力に執着する独裁者の惨めな姿に哀しみさえ誘う。だが、ベラルーシ国内の反対者への容赦ない弾圧を思い出すと、とても同情する気にはなれない。ベラルーシでは長引く独裁に人々の不満が暴発寸前であり、ロシアの支えがなければすぐさま内部崩壊する政権なのだ。

エネルギーを有利に供給し、貿易相手国として優遇する。こうした餌をちらつかせながら、歯向かえば軍事介入を行う。こんな国と仲良くするのと、高飛車で二言目にはルールや基準というけれど、そこには何らかの原則があり、制裁はあっても暴力的な内政干渉にはまず結びつかない地域共同体と仲良くするのと、どちらがマシだろうか。マイダン革命で問われていたのは、少なくともこうした社会的価値の選択という問題だったのだ。

ウクライナのなかには、ソ連＝ロシア的な体制から離れたいと思う人が一定数いる。その人たちは、ヤヌコーヴィチの独裁とロシアへの接近には必然的な結びつきがあり、民主的体制になることとＥＵに接近することには親和性があることを理解していた。マイダン革命のこうした側面は、民衆の「自由」と正当な政府への希求と結びついている。これを単に経済的な利害や「国益」の観点から、ロシア寄りかEU寄りかの「振り子」として捉えると、革命のエネルギーの重要な部分を見逃してしまう。

七　ロシアの目覚めはどこへ

では、ロシアは永遠にロシアであって、人々は駅の待合室で死んだように眠りつづけているのだろうか。そうではない瞬間があったことを、ロズニツァは「ジ・イヴェント」(二〇一五)で捉えている。一九九一年、ソ連大統領ゴルバチョフのペレストロイカに反対する保守派が、「国家非常事態委員会」を結成してゴルバチョフに大統領辞任を迫り、休暇中のクリミアで軟禁した。[40] 首謀者はまたしても秘密警察KGB関係者で、そのトップに立つ議長のクリュチコフであった。

モスクワでは市民たちがクーデターに反対して街頭に集まり、ソ連共産党を離脱したエリツィンを支持した。モスクワで生じていた政変に呼応して、レニングラードでも市民たちが市庁舎前広場に集まってきていた。当時テレビやラジオは保守派によって統制されていたため、市民たちは何が起きたかを知ろうとして、町の中心部にある宮殿広場に集まったのだ。

八月十九日にはじまったこの動乱の際のレニングラードを映したアーカイヴを、一時間強の長さに編集したのが、「ジ・イヴェント」である。ここに出てくる映像は、端的に言って「マイダン」にそっくりだ。少しずつ集まってくる人々が、いつの間にか巨大な広場を埋め尽くす大群衆となる。彼らはプラカードや紙を持ち、政治的主張を叫ぶ。国家非常事態委員会は退場せよ。われわれはエリツィンを支持する。歌があり、拡声器での呼びかけがある。

市庁舎内は混乱をきわめ、誰がどちらの味方なのか分からない。警官や特殊部隊はどちら側についているのか。だが結局、クーデターは失敗に終わり、市庁舎の建物の高層階の窓の外から民主派のサプチャーク市長が声明を読み上げた。広場は熱気に包まれ、市の名前がサンクトペテルブルクに戻ることが告げられる。市庁舎の上に掲げられていたソ連の旗が降ろされ、ロシア国旗に代えられる。このときソ連は終わり、民主派で改革派の市長の下で新しいロシア、新しいサンクトペテルブルクがはじまったのだ。こうした「自由の予感」でドキュメンタリーは終わる。(41)

ロズニツァは場面の切り替わりのシーンで、何度も「白鳥の湖」を流している。これは当時国営テレビが報道統制のため流せないニュース番組などに代わって流していたものを想起してのことだろう。ロシアでは政変や何か政治的に重要な事態が起こるとき、「白鳥の湖」が流されてきた。(42)

映画の途中、クーデター未遂事件の間ずっと市民派・民主派としてエリツィンの側に立ってクーデター派と対峙したサプチャーク市長と側近が車に乗り込むシーンが映し出される。そのとき市長とともに車に乗り込む人物が、ウラジーミル・プーチンである。プーチンの表情を捉えた映像を、ロズニツァはじっくり見せている。プーチンについて、KGB職員として東ドイツにいるときにベルリンの壁崩壊に遭遇してショックを受けたという話が伝えられている。このときのトラウマが、彼のその後の復古的かつ強権的な行動に影響しているとされる。だがそれだけではないのだ。一九八九年につづいて一九九一年にも、民主派市長にくっついていたため味方のふりをしつつ、市民が自由を求める行為が孕む解放の空気を、彼は身を以て体験したのだ。

こうした経験からプーチンは、民主化のための戦いだとか、街頭に人々が集まって思い思いにスピーチするだとか、制服を着ていない烏合の衆が警察や軍に刃向かうだとか、そういったものが大嫌いになったのだろう。自由や独立、多様性の尊重を求めて一般市民が立ち上がるなどというのは、馬鹿げているし危険で許しがたい行いなのだ。なぜならそれは秘密警察的なものの対極にあり、秘密警察的なものの愚かさと無価値を告発するからだ。[43]

市民性への侮蔑は、少なくともプーチンの側近や軍指導部にはある程度共有されていると思われる。たとえば、前に挙げた「ハイブリッド戦争」に関係する演説のなかで、ゲラシモフはハイブリッド戦争の例として、「アラブの春」を挙げている。日本ではアラブの春は民主化運動であって、ハイブリッドであれ何であれ戦争とは考えられないだろう。だが、独裁者とその思想の共有者たちにとっては、民主化運動というのはどこかの外国勢力に煽動された愚かな群衆を利用した、ハイブリッドな戦争に他ならないのだ。

こうした見方に囚われたロシアの高官たちは、マイダン革命をアメリカによる旧ロシア勢力へのハイブリッド戦争の一環として捉えた。だからこそ、クリミアに侵攻しそこでマイダンがアメリカの手先による陰謀であったといったプロパガンダを流すのは、ロシア的価値の正当防衛なのだ。ロシア国内の反戦運動にも、全く同じロジックで同じやり方が用いられ、徹底したメディア統制と監視、逮捕が行われてきた。民主的で平和的な抗議運動は、暴力的な反発以上に敵の回し者の仕業なのだ。そもそもプーチンは、市民が「自由意志」を持つことを疑っている。黙って服従していない状態の市民というのはプーチンには異常事態で、だれかにそそのかされているに違いないのだ。[44] こうなるともう、この人たちの発想を変えるなど、どこから手をつけていいか分からない。彼らはある意味で、同じくらい邪悪な意図で接近する者しか信用しないのだから。

彼らが理解できるのは、人々を裏で操るＣＩＡやＮＡＴＯ諸国の陰謀家やスパイだけで、自由を求める市民の意思などスパイに煽られた作り話なのだ。あらゆる場面に裏で操る「秘密警察的なもの」の影しか見ない人間に、それ以外の動機によって人が身を削って何かをすることを理解させるのは容易ではない。彼らには個人の自立や独立の観念がないのだから、自立した個人の決断はすべて西側イデオロギーの洗脳の結果にすぎないものに映る。ただ単に平和を望むとか、自由な表現や多様な意見を認めてほしいといった素朴な願いは存在せず、これらはすべて西側によって仕掛けられた戦争の一部なのだ。

プーチンが反政府グループや街頭行動をあんなにも敵視するのは、それがエネルギーを獲得することを心底恐れているからだろう。彼は市民たちの反感を買い、権力から引きずり下ろされるのを恐れている。だからプーチンは、忠犬のようにふるまうしかないルカシェンコのような人物が好きなのだ。また、側近のなかの反対分子と思われては命が危ないと考え、自ら進んで「ロシアの敵」を口汚く罵ってアピールする、元ロシア大統領メドベージェフのような人も好きだ。要するに、自分が弱みを握っており、脅せば言うことを聞くしかない、隷従以外の選択肢のない臆病な政治家や高官が大好きなのだ。彼らをもっと暴力的で野卑にしたのがカディロフなのだろう。どんなに権力を持ち、どんなに残忍な部隊を配下に従えていても、プーチンの犬となる以外生き残る道がないのだから、彼らはリーダーでも指導者でもなく隷従者である。

ロズニツァはロシアに、とりわけプーチンの故郷であるサンクトペテルブルクに、民衆が立ち上がって自分たちの意見を言い、独裁に反対して暴力に立ち向かった過去の事実が、たしかに存在したことを示している。ところが最近では、ロシアの世論は一九九一年の出来事に関して、民主派とクーデター派が同じくらい正しくなかったと考えているようだ。[45] これはその後のエリツィンの末路にも影響されており、またかつて自ら関わったはずの民主派も革命的な民衆の行動も全否定する、プーチンの統治の長期化にもよるのだろう。

だが、人々が広場に集まり、独裁と政治家の腐敗に反対して自由を守り育てたいと考えたときが、たしかにロシアにも存在したのだ。ロズニツァが編集したフッテージからは、サンクトペテルブルクの人々の熱気と、自由を求めて日常生活の外に踏み出す行動力が見て取れる。だから彼らは眠っているだけなのだ。あるいは眠りから覚めた途端に刑務所に入れられ、暗殺され、祖国を追い出され、絶望のために自ら祖国をあとにしているだけなのだ。

プーチンのロシア、秘密警察のロシア、陰謀と裏工作と腐敗と毒殺と銃殺のロシアが、早く過去のものとなってくれること。これがロズニツァの願いだろう。そして悲しみにくれるウクライナが、「ソ連の亡霊」を本当の意味でふり払うことができ、自らの道行きを自分たちで決められる国になることが。

もちろん、それによって過去の傷が癒えるわけではない。現在も日々新たに傷つく戦争の現実から逃れられるわけではない。だが、ウクライナの未来は過去のなかにはなく、別の何かを選び取ることのうちにある。そしてロシアの未来も。このことを、ロズニツァの映画はこれからもくり返し示しつづけるだろう。

第五章　芸術とナショナリズム――ウクライナ映画人の選択

わたしが死んだら、
なつかしいウクライナの
ひろびろとした草原《ステップ》にいだかれた
高き塚《モヒラ》の上に　葬ってほしい。
果てしない野の連なりと
ドニプロと切り立つ崖が
見渡せるように。

タラス・シェフチェンコ「ザポビット（遺言）[1]」

一　戦争が起きる。そして……

ある日、戦争が起きる。直近一カ月ほど、隣国が国境付近に部隊を集めて不穏な動きをしていると、内外の報道や遠い国の大統領までが揃って警告してきた。衛星写真に何もかも写ってしまう時代、軍の動きを隠しきれないことは隣国も承知だ。むしろそれを誇示するかのように、続々と部隊が集結しているという情報がもたらされる。

それでも、ただの威嚇ではないか、戦争にはならない、主権国家を決定的な理由もなく武力で攻撃するなんてありえない、侵攻側に現実的な利益を見出せない、核戦争につながるようなことはさすがにやらないだろう、といった希望的観測がつづく。

しかしとうとう、空からの爆撃が行われ、地上部隊が国境を越える。戦闘がはじまる。そのときまで、一部の兵士以外はこれまでと変わらぬ日常生活を送りつづけていたはずだ。あなたが会社員なら働いていただろう。食材をスーパーで買い、週末には少し遠出をする。朝子どもを保育園に送って夕方迎えに行く。穀倉地帯では、夏の収穫に向けて小麦が金色の穂をなびかせている。鳥が飛び、犬が走り、それぞれがそれぞれの時間を過ごしている。

そうした日常が、突然破られる。戦争は、いくら予兆があったとしても、突然やってくる。ではもし戦争がはじまったら、私たちはどのようにふるまうだろうか。いったい何が決定的に変わってしまうのだろう。私は大学で教えているが、爆弾が降ってくる状況下では、授業の続行は難しいかもしれない。オンラインに切り替わるだろうか。学生たちの安全はどうやって確認するのだろう。そもそも授業をしている場合なのだろうか。もっと他にすべきことがあるのではないか。というより、逃げないと死んでしまうかもしれない。国外避難となると、すべて置いていかないといけない。猫は連れて行けるのか。いつか戻ってきたとき、家は無事だろうか。いや、家があるかも分からないし、戻ってこられるとはかぎらない。そもそも命がなければ戻ってくるかどうかなんて関係ない。

ウクライナの人々に起きたことは、こういうことだったのか。戦争という現実が突如闖入してきたとき、職業軍人でも政治家でもない一般の人々は、何を思い、どのようなことを考え、どう生きることを選択したのだろう。

戦争がもたらす「実存的状況」の下で、人々はどうふるまい、何を発信したのか。以下で検討するのは、そうしたことばと行為に関わる、幾人かの映画人の記録である。ウクライナでは映画が盛んに作られている。旧ソ連時代から、国の方針でバレエやクラシック音楽、そして映画などの芸術に国家が力を入れてきた。独立後もその傾向は変わっていない。オデーサ国際映画祭のような東欧では最大規模の映画祭も開催されてきた。

ウクライナの映画人たちは、例外なく戦争に巻き込まれ、それによって多大な影響を受けている。そもそも彼らは、現状では国外に拠点を移さないかぎり、映画を作ること自体とても難しい。こうした状況下にある彼らの立場は一枚岩ではなく、これから紹介するとおり、国際的な映画界におけるロシア映画のボイコットに関して、反対する側と賛成する側に分かれている。

両方の見解を取り上げるのは、彼らのいずれが正しいかを判定するためではない。それぞれ異なった出自と経歴を背景とする映画関係者たちは、各々固有の文脈のなかで戦時下にどうふるまい、何をなすべきかを考えながら生きている。彼らの生の背景と緊迫した状況での決断、そしてそれを伝えることばを、以下に紹介していく。そこから垣間見えるとおり、彼らの苦悩と祖国への思いは息苦しいほどのものだ。

二　セルゲイ・ロズニツァのナショナリズム批判

はじめにふたたびセルゲイ・ロズニツァを取り上げる。彼の映画と政治的立場については、第三〜四章で詳細に検討した。ここでは、ロズニツァとウクライナ映画アカデミーとの間に起こった最近の論争にフォーカスする。だがそれは奇しくも、現在のウクライナで多くの芸術家や知識人、あるいは一般の人々が置かれている立場の難しさを象徴している。ロズニツァはその鋭い政治的センスによって、ウクライナのジレンマ状況を認識し、自らの立場を明確にする必要に駆られたのだろう。このあと何人かの映画人の動向を紹介するが、ロズニツァの考え抜かれた立場表明とその揺るぎなさは、なかでも特筆に値するものである。

結果として彼は、ウクライナ映画界の多数派を敵に回す形となったが、それも覚悟の上だと思われる。その現状認識の背景にある複雑で入り組んだ思考は、ことばで簡単に表現することができない陰影を持つ。ロズニツァはそれを映像作品全体で示しているのだから、至上の芸術家と言えるだろう。映像作家としての表現能力も群を抜いており、ウクライナとロシアという「特殊な例」を通じて、戦争において必ず台頭してくる人類にとって普遍的な問題を突きつけてくる。

第三章冒頭で述べたとおり、ロズニツァはベラルーシ生まれのキーウ育ち、モスクワの映画大学出身でドイツ在住という、インターナショナルな居住歴・経歴の持ち主である。状況が緊迫する二〇二二年三月一日、彼はウクライナ西部からポーランドに脱出した両親を車で迎えに行き、ドイツに連れてきた。

それに先立つ二月二十七日、つまりロシアによる侵攻開始から三日後に彼が出した声明は、次のようなものだ。

ロシアのウクライナに対する突然の戦争は、自殺行為かつ異常な行動だ。こんなことをしていたら、犯罪的なロシア体制は瓦解に向かう他なくなるだろう。世界中が善と悪との戦い、真実と虚偽との戦いを目撃している。これは聖書の出来事を連想させる重大な戦いである。勝利はウクライナにあるだろう！　私が驚いているのは、ことばだけでなくすばやく決然たる行動をすればウクライナを支援できるはずの政府や公的機関や市民たちが、あまりに優柔不断で慎重なことだ。目の前で起きている人類にとっての悲劇は、怪物を宥めようとする偽善的な政策、つまりロシアとビジネスをするという政策によって助長されてきた。何十年もの間、西側世界はロシア体制がチェチェン、ジョージア、クリミア、そしてドンバス地方、その他の多くのヨーロッパ地域や世界中で行っていることに見て見ぬふりをしてきた。そして「プラグマティズム」的な政策で妥協しようとした。世界全体が目を覚まし、何が起きているかを理解することで、ロシアという怪物を破壊しなければならない！(2)

彼は、目下の状況がいかに緊迫したものかを伝え、それが引き起こされた背景にヨーロッパでロシアの蛮行がずっと大目に見られてきた事実があると主張した。ところが、ヨーロッパ映画アカデミーという、ヨーロッパの映画人たちが所属する団体が侵攻直後に出した声明は、こうした緊迫感とはほど遠いものだった。それは「あまりに中立的かつ曖昧」で「戦争を戦争と呼ぶことにすら思い至らなかった」(3)。こうした態度に抗議を表明し、ロズニツァはヨーロッパ映画アカデミーを自ら脱退するという選択をした。

ロズニツァは、プーチンを信じてロシアと取引してきた西側政治家たちは愚かだと言う。「彼らはプーチンの美しい青い目をじっと見て、「いいやつだ。こいつとはビジネスできる」と言ったのだ。そうすることで、彼らはいままさに起こっている状況〔ウクライナへの侵攻〕を生み出してしまった」(4)。

ところが今度は、ウクライナ映画アカデミーというウクライナ映画人の団体が、ロズニツァを追放するという事態が起こった。その理由は、彼がロシア映画の全面的なボイコットに反対しているからだ。ロズニツァは、自身が直接よく知る、戦争に明確に反対しているロシア人の映画監督を国際的にボイコットすることは誤りだと考え、その立場を表明した。そしてそれを理由に、ウクライナ映画アカデミーから除名されたのだった(5)。

実は、ウクライナ映画アカデミーとロズニツァとの確執は、ロシアによる侵攻以前からあった。第三章でも触れたが、ウクライナ映画アカデミーは数年前に、アメリカのアカデミー賞候補として推薦する「ウクライナ映画」を、ウクライナ語とタタール語の作品に限定する方針を打ち出した。ロズニツァらの反対でこれは阻止されたが、今回の侵攻後、ナント大学で三月末から開催される予定だった「ユニヴェルシネ映画祭：リヴィウとウラルの間で Festival Univerciné : Entre Lviv et l'Oural」が次に問題となった。

ウクライナ映画アカデミーはナント大学の関係者に対して、映画祭で上映予定のロシア映画をすべてウクライナ映画に差し替えることを要請した。ナント大学側がこれを拒否したところ、アカデミーは激しい非難を浴びせたという。結局映画祭は中止された。HP上には次の理由が書かれている。

　プログラムのうち一部の映画の上映と招聘していたゲスト全員の来訪が難しくなったので、ユニヴェルシネ協会は、予定されていた二〇二二年三月三十一日から四月三日の「ユニヴェルシネ映画祭：リヴィウとウラルの間で」の開催を中止することとなりました。将来的な開催を予定していますが、具体的な日程は決まっていません。

　ユニヴェルシネ協会は、選出された野心的で情熱的な映画作品が、私たちがその只中にいる悲しい時代についての細やかでかつ先鋭的な知的理解に寄与すると考えています。そのため、こうした作品が目下上映できないことは残念です。

　ユニヴェルシネは、ドイツ、イギリス、イタリア、そしてロシアの若手作品を、できるかぎりよい条件で普及するという使命を、引き続き模索していきます。[6]

ロズニツァは、ウクライナ映画アカデミーによる偏狭なナショナリズムと、アカデミーが彼を除名する際に示した理由に強く反発している。それは、ロズニツァが「コスモポリタン」を自称しているが故に、ウクライナ映画アカデミーの方針に反するというものだった。コスモポリタンであることを理由に人を除名するとは、スターリニズムと同じではないか。

この点も第三章で述べたが、スターリンは一九四六年以来、反コスモポリタンを掲げ、内実としてはユダヤ人排除を行った。コスモポリタンであることを非難し、「ディセント＝同意せざる者を否定し、集団的罪過を認め、自由な個人の選択によるいかなる意思表明も禁止する」[7]ウクライナ映画アカデミーのやり方は、ロズニツァからするとスターリニズムそのものだ。

さらに、「すべてのウクライナ人による表現の中心概念はナショナル・アイデンティティであるべきだ」とするアカデミーの方針は、ナチズムにそっくりだという。ナショナル・アイデンティティと結びつかない芸術表現は一切認めないと言っているに等しいからだ。ロズニツァはこれを、「クレムリンのプロパガンダに対するウクライナ映画アカデミーからの贈り物になってしまっている」[8]と強く批判する。異論を許さないウクライナ・ナショナリズムが、ドイツ民族のアイデンティティへの同一化を強制したナチズムに似たものに見えるということだ。ロシアは喜んで、ウクライナのナショナリズムを「ネオナチ」として非難するだろう。

ナチズムからのウクライナの救済というロシア側からの侵攻の口実に対して、ウクライナ側からは、ロシアこそナチズムの再演であるという主張がなされている。рашизм（ruscism/rucism）という新しいことばも使われるようになった。[9]だが、ウクライナ・ナショナリズムが偏狭なものに傾いていくなら、国際社会はだんだんと「ロシアとウクライナはどっちもどっち」という考えを強めるだろう。当事者による非難の応酬を単なる「見解の相違」にしてしまう「ポスト・トゥルース」の言説空間にはまり込んでしまうと、そこから抜け出すことは難しい。偏狭なナショナリズムでロシアに対抗することも、ソ連秘密警察の手法を使ってロシアイデオロギーを排除することも、知らぬ間にナチスやロシアとウクライナ自身を同列に置くという愚行に陥る。[10]

ウクライナの「映画アカデミー会員」はその声明文のなかで、「ロズニツァをウクライナ文化圏の代表と捉えないでほしい」と主張している。だが私は生涯一度も、何らかのコミュニティ、集団、協会、領域を代表したことなどない。私が言ったりしたりしたことはすべて私自身の、個人的なことばと行いだ。

これまでもこれからも、私はウクライナ人の映画制作者でありつづける。

この悲劇の時に、私たち皆が良識を保てることを望んでいる。[11]

ロズニツァは、ウクライナ映画アカデミーに宛てた公開書簡をこの文章で締めくくっている。ここには、「真理を語る者」としての芸術家の使命を、「どちらの側につくのか」という政治的な問題に還元しようとするアカデミーの態度への、断固たる拒絶が見られる。

アーレントは『エルサレムのアイヒマン』をめぐるショーレムとの往復書簡のなかで、アーレントを「ユダヤ民族の一員」と見なすショーレムに対して次のように述べている。「私はこれまで一度も自分以外の何ものかであるかのようにふるまったことはありませんし、ほんの少しでもそのような誘惑を感じたこともありませんでした」[12]。ここでのアーレントのユダヤ人共同体への態度とロズニツァのウクライナ・ナショナリズムへの態度は、きわめてよく似ている。

真理を語るものは孤独で、いつも単独者としてその困難を引き受けることを運命づけられている。ロズニツァは、このアーレント的な原則を最もよく理解する映像作家の一人なのだ。

三　アレクサンドル・ロドニャンスキーと「ロシア映画」というカテゴリー

アレクサンドル・ロドニャンスキーは[13]、キーウ生まれでユダヤ系の映画・テレビプロデューサーである。二十年にわたってロシアに住み、数々の映画をプロデュースしてきた。二〇一三年にはロシア初のＩＭＡＸ映画「スターリングラード――史上最大の市街戦」（ロシア映画）を世に出し、ロシアで大ヒットを記録した。ロドニャンスキーがプロデュースした映画のなかでは、たとえば「リヴァイアサン（日本語タイトル「裁かれるは善人のみ」）」（二〇一四、ロシア映画）はゴールデングローブ賞外国語映画賞、「ラブレス」（二〇一七、ロシア映画）はカンヌ映画祭審査員賞、「UNCLENCHING THE FISTS」（二〇二一、ロシア映画）はカンヌ映画祭「ある視点」部門グランプリをロシア映画で初めて受賞した。長くロシアで映画製作に携わったが、国籍はウクライナのままである。戦争への反対やロシア軍による戦争犯罪を公言したことで、侵攻後にロシアを追放された[14]。

猫好きを連想させるかわいい名字だが、ロドニャンスキー製作の映画は非常に重い題材が多く、たいてい結末も絶望的で、商業映画としてメジャーな作品は比較的少ない。彼は文字どおり、ロシア映画に身を捧げてきたプロデューサーだ。しかし、戦争を機にロシアのショイグ国防相の指示で関連作品も上映禁止にされてしまった。

ショイグがロシア文化相に送った公式の書簡とされる文章がリークされ、ネット上で公開されている。

国防相は特別軍事作戦の一部として、ロシア市民が国の指導者とロシア軍の行動を支持するような、肯定的な公的意見を形成するための方策を取ることになった。同時に、ロシアのメディア空間の文化セクターでは、ゼレンスキーが出演している映画やテレビ番組が引きつづき観られるようになっており、ウクライナの主要なメディアマネジャーであるロドニャンスキーが製作した番組についても同様の状態である。

こうした人物が関わる映像が広く視聴されている昨今の状況は、国の指導者やロシア国防省の決定を履行するのに不都合を生じさせる。

以上を考慮し、ゼレンスキーとロドニャンスキーをロシア連邦の文化的アジェンダから排除するという課題に取り組むことを要請する。(15)

ロシアにとっても、ロドニャンスキーはウクライナ大統領ゼレンスキーと並んで問題視するほどの重要人物だということだろう。これに対して、ロドニャンスキーは次のように応答した。

形式的には、これは私が今後関わるプロジェクトすべてが、ロシア文化省やロシア映画基金からの国家的財政支援を受けられないことを意味しています。そして、私がこれから行うすべてを、ロシア政府が力づくで邪魔するだろうということでもあります。私はそのことは気にしていません。完全に独立していますし、ロシア国家から金銭を受け取るなどということは、金輪際考えられません。今後も計画したとおりに映画を作ります。他方でこの〔ショイグの〕書簡は、必ずロシア映画界にはね返って影響を与えるでしょう。ズビャギンツェフ、バラーゴフ、コヴァレンコなど、[16]私が一緒に仕事してきた人たちを傷つけることになるからです。たしかなことを言えるわけではありませんが、彼らの映画もまた舞台や劇場にとって有害だと見なされ、以前のように広くアクセスすることは難しくなるでしょう。[17]

ロドニャンスキー製作の映画のなかでは上記以外に、ベラルーシのノーベル賞作家スヴェトラーナ・アレクシエーヴィチのノンフィクション『戦争は女の顔をしていない』を原作とする、カンテミール・バラーゴフ監督の「戦争と女の顔」（二〇一九）が、二〇二二年七月十五日から日本で公開された。[18]この作品は、ベラルーシ人のアレクシエーヴィチが原作、ウクライナ人のロドニャンスキーがプロデュースしているだけでなく、監督のバラーゴフはロシア人であるが、カバルダ・バルカル共和国ナリチクの少数民族出身である。[19]

この一作について見るだけでも、「ロシア映画」と一括りにしてそれを排除したり、ウクライナ語とタタール語の映画だけがウクライナ映画だと言ったりすることが奇妙だと分かる。映画は多くの人々の共同作業によってできており、ナショナル・アイデンティティや国籍で切り分けることが不可能な作品は多い。とくに、民族・言語が複雑なウクライナやロシア領内の少数民族共和国については、これがよく当てはまる。

また、ロドニャンスキー家はウクライナではよく知られた存在である。二十年にわたって数多くの優れた映画をプロデュースしてきた彼自身の名声に加えて、息子の活躍も大きい。その息子とは同名のアレクサンドル・ロドニャンスキーで、ゼレンスキー大統領の経済顧問として、ロシアとの交渉など外交にも携わっている。初期の停戦交渉でテーブルにつき、交渉の経過についての声明をインターネット上で公表してきた。また、この人の本業は学者で、侵攻以前からケンブリッジ大学経済学部准教授を兼務している。[20]

ロドニャンスキーは「ロシアの未来はウクライナの未来よりいろいろな意味で恐ろしいものになりそうだ」という。それもロシアがもし戦争に勝ったとしたら、それ自体とても恐ろしい未来につながっているとする。かつてロシア文化は偉大であったが、いまでは「邪悪さ、侵略、そして残忍さという深淵に沈み込みつつある」[21]のだから。

というのも、ロシアでは国家プロパガンダが有効に機能しているからだ。テレビをつけると、どのチャンネルであろうと「特別軍事作戦」の正当性と成功についての情報にしかアクセスできない。

そんな状況下でも、今回の戦争に反対しているロシア在住者はそれなりの数に上る。ロドニャンスキーによると、二〇二二年三月にロシアで、独立系の社会学者とデータアナリストのグループが「ロシア人は戦争をしたいのか」というタイトルの調査結果を公表した。調査への回答者のうち、「特別軍事作戦」に賛成する人（七十八パーセント）のうち五十九パーセントが、政府系ニュース機関を最も信頼している層だった。逆に戦争に反対する側に分類される二十二パーセントのうち、八十五パーセントは政府メディアのいかなる情報も信じないと答えた。[22]

この二十二パーセントの反対者たちこそ、国際的な保護と支持を必要としている。長い間ロシアで仕事をして知己の多いロドニャンスキーにとって、ここには彼の直接の友人知人が含まれているのだろう。人をパスポートで判断すること。これはロドニャンスキーとロズニツァが、共通して批判する態度である。ディセントたちを受け入れず、彼らが作品を発表し意見を述べる機会を持てなくなることは、ロシア全体をますます救いのない悪夢へと引きずり込むことになるだろう。

四　デニス・イワノフとウクライナ映画の苦境

以上二人の監督・プロデューサーは、ロシアの「ディセント＝同意せざる者たち」を国際的な映画界から排除してはならないと、明確に立場表明している。ここからは、逆にウクライナでは多数派を占めると思われる、ロシア映画ボイコット賛成派の見解を紹介していく。

まず、デニス・イワノフを挙げたい。ロズニツァの「ドンバス」、この後取り上げるオレグ・センツォフの「ライノ」などのプロデューサーを務め、オデーサ国際映画祭創設者の一人でもある。[23] イワノフの出身は、ドネツク地方クラマトルスクである。聞いたことがある地名だと思う人がいるかもしれない。二〇二二年四月八日、避難のために鉄道駅に集まっていた約四千人の一般市民がミサイル攻撃を受けた街である。これはロシアの戦争犯罪、「人道に対する罪」の一つとなる出来事と捉えられている。[24] イワノフは戦争開始後、妻子を国外に避難させたのち自らはキーウに戻り、この街に住みつづけている。

イワノフの言い分は次のようなものだ。

ロシア映画はロシア国家の資金援助を受けており、多くがロシア文化省や国家が出資する映画基金によって支えられている。これが意味するのは、それぞれの映画のはじまりから、独特の論理が行きわたっているということだ。それはロシア国家の論理、すなわちウクライナ人のジェノサイドに責任がある論理だ。

国家財政システムから生み出された映画は、オリガルヒの基金で支えられている。たとえば、ロマン・アブラモーヴィチのKINOPRIMEのような基金だ。[25] 彼をはじめとするオリガルヒは、権力に接近することで金持ちになった人たちだ。彼らはプーチン氏を助けてその影響力を高め、プーチン体制の行動に同意している。アブラモーヴィチが基金を作って映画を支援するのは、西側にクリーンなイメージを与えるためだ。

ロシアの「反対派」監督の多くもまた、プーチン体制によって容認されているかぎりでしか仕事ができない。彼らはクレムリンが台本を書き、監督する劇のなかでそれぞれ役割を果たしていると言ってもよい。彼らの映画を映画祭で上映する唯一の目的は、ロシアがいわゆる文明世界の一部であるかのように偽装することだ。ロシア国内では、映画祭に参加する映画一つひとつの存在が、ウクライナ市民の大量殺戮が起きている間でさえ、ロシアが「ふだんどおりのビジネス」[26]をつづけられることのサインになってしまう。

ロシアの映画製作者がいまなしうる最善の事柄は、国際イベントで国を代表するのを拒否し、それについて声明を発表することだ。連帯のためのこうした行為は、世界とウクライナに対する最も明白で雄弁な反戦メッセージとなる。ソーシャルメディアで「戦争反対」の声明を出すよりよほど有意義だ。親愛なるロシアの仲間たち。あなたたちは目下のところ、レッドカーペットを歩くのにふさわしくないのだ。(27)

イワノフは、ロシア映画の資金源を問題にする。そして芸術文化がオリガルヒによって支援されるという(ウクライナにも共通する)社会構造にも言及している。また、ロシアの映画監督たちの「二枚舌」も告発している。イワノフによると、ロシアの映画関係者は、対外的には政府の言論弾圧に反対しているが、国内向けには愛国的映画やテレビシリーズを製作しつづけてきた。そして図々しくも、「クリミアは私たちのもの」といった名称の党派を組織してきたのだ。(28) 彼らの一部は海外に移住したとたんに「戦争反対」とSNSに書き込むが、それができるなら、この八年間(ドンバス侵攻とクリミア併合以来)なぜ沈黙してきたのか。イワノフの口調はかなり辛辣である。

また、カンヌやヴェネチアなどの国際映画祭主催側の煮え切らない態度も批判している。たとえばカンヌ映画祭は二〇二二年、ロシア映画のボイコットはしないが「公式のロシア代表」の派遣は歓迎しないという対応を取った。そのためロシア映画もコンペティションなどに出品された。まるでロシア国家でなくロシアオリンピック委員会から派遣された、オリンピック選手団のようだ。こうした中途半端な対応によって、「偉大なるロシア文化」が無傷で守られ、一方で戦場となったウクライナでは、映画を作ることすらできないという非対称と不公正を、彼は激しく糾弾している。

ウクライナ映画は、ふたたびロシアの植民地映画として扱われるのでしょうか。将来どれだけのウクライナ映画が国際映画祭で上映されるでしょう。いまではすべてのプロジェクトが中断しています。映画製作者たちは〔戦争の〕前線におり、公的な資金援助もない状況です。

私は、ウクライナの映画製作者は、みんなが大好きなロシアの仲間たちよりも、ずっと孤立していると感じています。(29)

イワノフは、「映画は感情移入 empathy の装置」(30) であるという。立派なロシア映画に感動した人々は、ロシア社会にも共感するだろう。これは素晴らしい外国映画を観たときに、多くの人に起こる体験だと思われる。ここでイワノフは、「戦争と女の顔」を挙げる。ナチスと同じ犯罪をプーチンがマリウポリで犯しているときに、ロシアが戦争の被害者であることを描く映画を上映するなんて、ウクライナ市民としては許せないということだ。

ロシアが第二次大戦の対ナチ戦争をナショナル・アイデンティティの拠り所にしていることも、イワノフの怒りを増幅させているだろう。プーチンとその取り巻きの頭のなかでは、ナチスに攻め込まれ、故国が焦土と化し、それでも赤軍兵士の命懸けの抵抗によってドイツ軍を追い払ったのが「大祖国戦争」=独ソ戦なのだ。すでに見たように、そこで戦った兵士のなかには、ウクライナ人、ベラルーシ人、タタール人をはじめとする「ロシア人」以外の人たちが大勢いた。また、こうした人々の故郷の土地は、ナチスとソ連の両方から最も無残に踏みにじられた。これらの歴史的事実は、ロシアの大戦神話においては全く視界にも入ってこない。

映画という芸術を利用してロシアが作り出す「ナショナルな物語」に対して、イワノフは、いま必要なのは「侵略者の国の声ではなくウクライナの声を聞くこと」(31)だという。

五　オレグ・センツォフと戦闘へのコミットメント

次にどうしても取り上げなければならない人物がいる。オレグ・センツォフだ。センツォフは、クリミアの首都シンフェロポリ出身の映画監督である。(32) クリミア半島はロシア系の住民が多く、センツォフ自身もそうである(センツォフ含め、多くがウクライナ語とロシア語のバイリンガルである)。クリミア併合を批判し、テロ準備と放火の罪で禁錮二十年の刑に処され、二〇一五年にロシア北部の刑務所に収容された。そこで二〇一八年に百四十五日間にわたってハンガーストライキを行い、流刑に処されているウクライナ政治犯の釈放を求めた。(33) この活動によって、同年EUのサハロフ賞を受賞した。ロシアで収監中の「テロリスト」に名高い人権賞が授与されたことで、ロシアではEUおよび西側への反感が高まったとされる。

センツォフの収監は国際問題となり、多くの映画人・文化人が釈放を求める運動に加わった。ロシアへの批判が世界中から寄せられ、ネット上にはそのときの活動のあとがいまも残されている。センツォフは二〇一九年、ロシアとウクライナの捕虜交換で釈放された。収監に際してのロシアでの裁判と、センツォフの家族や友人、マイダン革命参加者などへのインタビューを収めたドキュメンタリー「THE TRIAL: THE STATE OF RUSSIA VS OLEG SENTSOV」が二〇一七年に公開されている。(34)

センツォフの代表作は「ゲーマー」(二〇一一)「ナンバーズ」(二〇一九)「ライノ」(二〇二一)などだが、いまは映画を撮っていない。その理由は、今回の侵攻への映画人たちの反応のなかでも、最も驚くべき彼の現状のせいだ。センツォフはロシアの侵攻直後にウクライナ軍(地域防衛隊)入りを表明し、キーウ近郊の最前線で戦う様子をFacebookにアップしている。

二〇二二年七月にクラマトルスク(イワノフの故郷の街)で行われたAFPインタビューの時点では、東部の特別部隊special forces unitに配属されている。ヘリコプターやドローンを撃ち落とすために、防空システム「スティンガー」を使用しているという。東部戦線の最前線で、毎日仲間が戦死していく現場にいるそうだ。(35)「ウクライナの領域内に最初の爆弾が落とされた瞬間に、私の生活は以前とは全く別のものになった。ヒトラーの侵攻について知られていることのすべてが、ふたたび現実になったからだ(36)」。

志願兵となったとき、ウクライナ軍はセンツォフに広報の仕事を提案したという。だが彼はそれを受け入れず、一兵士として戦うことを選んだ。ウクライナの現在から、センツォフはとても映画を撮っている場合ではないと考えている。それよりもっと大切なことは、一兵士として最前線に立ち、ロシア軍を追い払うことなのだ。

彼は「私はいくつもの生を生きてきた。人生は変わり、活動も変わるものだ。映画制作は私の生の一部でしかない。いまの私の生活は、私の祖国にとって一番役に立つものだと信じている(37)」と語っている。

センツォフは、おそらくウクライナ映画アカデミーからの依頼で短い公開書簡を発表し、ロシア映画ボイコットを呼びかけた。

ウクライナとともに！
一緒にプーチンを止めよう！[38]

これが彼の公開書簡の締めくくりのことばだ。

六　さまざまな出自と背景

他にも、ウクライナを代表する映画監督の一人であるヴァレンティン・ヴァシャノヴィチも、ロシア映画ボイコットに賛成している。[39] ヴァシャノヴィチはウクライナ北西部ジトーミルの出身である。日本でウクライナ映画界支援のために二〇二二年三月末に行われたチャリティ上映作品として、同監督の「アトランティス」（二〇一九）「リフレクション」（二〇二一）が選ばれた。その後この二作は六月に再度拡大公開されている。ヴァシャノヴィチは目下プロデューサーのウラジーミル・ヤツェンコとともに、戦場となったキーウのドキュメンタリーを撮影している。また、「アトランティス」の大部分はマリウポリで撮影されたため、現状に大きなショックを受けているという。[40]

他にも多くの映画人たちが、ロシア映画ボイコットのための共同声明に参加している。南部ヘルソン出身のロマン・ボンダルチュークは、ウクライナ唯一の人権映画祭であるDocuDays UAの創設者の一人である。DocuDaysはロシアの戦争犯罪を記録するビデオ撮影チームを立ち上げており、HPでウクライナ映画のための寄付を募っている。[41] ヘルソンは南部の攻防のなかで最も重要な都市の一つで、激戦地となっている。ロシアはヘルソンを戦略的に重視し、併合を既成事実化するためにロシア語放送や親ロシア派の支配、そしてウクライナからの独立を問う住民投票を急いで行った。

ボンダルチュークは、第四章でも名前が出てきたロシアの愛国映画監督バラバノフを取り上げ、その映画が醸成したものについて次のように述べている。

> バラバノフは愛国主義的映画「ブラザー」を撮り、この映画の影響でロシア人の一世代が丸々ウクライナ嫌いになったという。「ブラザー」は、ロシア人が「セヴァストポリへの答え」、つまりクリミア併合を必要としていることを描いた映画である。ちなみに一九九七年の映画「ブラザー」は、現在ロシアの映画館で公開中だ。[42]

ここでボンダルチュークが直接指しているのは、続編の「ブラザー2」でのセリフ、「お前たち悪党にはまだセヴァストポリのツケがある」だと思われる。主人公の兄がウクライナマフィアを殺害するシーンだ。[43]

ここに出てくるクリミア半島南西端のセヴァストポリは、地政学上重要な軍港で、歴史上何度も戦場となっている。二〇一四年のヤヌコーヴィチ政権崩壊に反発したロシアは、この地を電撃戦で支配下に置いたあとに住民投票を行い、ロシア連邦に併合した。それ以前、ウクライナ海軍は駐留するロシア海軍とともに、この軍港を拠点としていた。クリミア侵攻時にここの海軍基地もろともロシアに接収され、ウクライナ海軍は消滅した。

このため、「セヴァストポリのツケ」があるとしたらウクライナの方ではないかと思うが、この映画は二〇〇〇年公開である。つまり、クリミア併合前のロシアにとっては、この地からオスマン帝国やモンゴル人を追い払ったのは自分たちだという考えがあるのだろう。当地のロシア系住民のためにも、併合は正当なことなのだ。[44]

また、愛国主義的ロシア人作家として、ザハール・プリレーピン[45]の名前も挙がっている。プリレーピンは、ＯＭＯＮ（特別任務機動隊）の分隊長を務めたのち、チェチェンで戦闘に加わった。ロシアとその属領のようにされた地域（ドンバス地方など）には、特殊部隊や秘密警察の分隊組織がたくさんある。プリレーピンはロシアでは、彗星のごとく登場した新時代の作家と見られているようだ。生まれや育ちとは無関係なウクライナ東部にやってきて、ロシア系住民がウクライナからの独立を望むのは、ウクライナ側が反ロシア的になったせいだとの主張を展開しているそうだ。「いまもウクライナ東部を戦車で走り回って、どうやってウクライナ人のまぶたを指で無理やり開いて現実を見せてやったかなどと本に書いている」[46]人物だ。

どうやらロシアには、「ゴロツキ愛国主義」みたいな映画人や作家がいて、暴力や戦争を肯定したり、民族、人種、性差別を忍び込ませたりするのを得意としているらしい。そのネタに使われているのが、クリミアでありドンバスでありチェチェンだと考えるとぞっとする。多くのロシア人にとっては、クリミアはロシアがウクライナから奪ったのではなく「取り返した」（ツケを払わせた）土地にすぎないのだろう。

他にも、クリミア・タタール人の映画監督であるナリマン・アリエフ[47]、二〇一四年のマレーシア航空機撃墜事件を主題とした映画「クロンダイク」を撮ったマリナ・エル・ゴルバチなども、ロシア映画ボイコットの共同声明に加わっている。[48]

クリミア・タタール人の悲劇の歴史については、第三章第八節で述べたとおりだ。[49]二〇一四年のクリミア併合の際、クリミア・タタール人の多くは反対し、弾圧にあった人々はキーウなどに逃れた。併合後には、ロシア系の移民がいっそう促進されている。

こうした歴史を念頭に置くと、クリミアはロシア系住民が多いのだからロシアのものだという主張を、受け入れがたい人たちがいるのはよく理解できる。それはまるで、アメリカは先住民を皆殺しにして白人だらけになったんだから当然白人のものだという話に似ている。そのアメリカ白人たちはいま、自分たちが人口割合としてマジョリティでなくなることへの恐怖から非常に偏狭になり、人種分断が進んでいる。

マレーシア航空機撃墜事件は、二〇一四年のドンバスの戦いの最中、ウクライナ東部ドネツク地方で起きた航空機撃墜事件である。当初は親ロシア派がウクライナ軍輸送機を撃墜したと声明を出した。ところが、全く無関係の民間機への攻撃で乗客乗員二百九十八人が全員死亡したことが明るみに出ると、親ロシア派は関与を否定。ウクライナによる撃墜だと主張しはじめた。

オランダが主体となった国際合同捜査チームによる二〇一九年の発表では、プーチンの側近の二人、スルコフ元副首相と併合後のクリミアのアクショーノフ首相が、ドネツクの親ロシア派との間で定期的に連絡をとっていたことが明かされた。[50]

プーチンはその後、ウクライナが戦闘地域で民間機を飛行禁止にしていなかったことに責任があると主張した。

七　戦争は、人間の顔をしていない

以上のように、ロシア映画ボイコットについて立場を表明したウクライナ映画人たちは実に多様である。彼らは、これまでの生も現在住んでいる（生きている）場所も戦争への対応も、そして部分的には政治的な見解もそれぞれ異なっている。ウクライナの独立系映画という狭い世界では、当然ながら皆が知人で、監督・製作・配給など、多くの場面で互いにつながっている。その彼らですら、これだけさまざまなのだ。私たちは映像や写真で、避難所に集まり、駅に集いバスに乗り込み検問を受ける多くのウクライナからの避難民たちを見てきた。彼女ら彼ら一人ひとりにもそれぞれ異なった生があり、決断があることを想像しなければならない。

ここで取り上げた映画人たちは、戦争を終結させロシアの戦争犯罪を裁くことが必須であるという点では、全員が主張を同じくしている。それでも、まさにいまロシア映画をどうするか、ロシア映画界をどう捉え、それとどう関係していくかについては別々の考えを持っている。控えめに言うとそれぞれの考えだが、有り体に言うと意見が対立・衝突している。大国に蹂躪されつづけた同じ故国の出身で、志を同じくする仲間であるはずの彼らでさえ、意見が食い違い、立場が異なるのだ。これもすべて戦争がもたらした不調和である。彼らは物理的な意味で生存を脅かされているだけでなく、ウクライナ人のなかでの分裂や温度差、意見の違いにも苦悩していることだろう。

『戦争は女の顔をしていない』は日本では漫画作品にもなったので、知っている人も多いはずだ。今回の戦争においてくり返し確認させられるのは、戦争は人間の顔をしていないということだ。なかでも市民の犠牲の報告は、とても恐ろしい。現にいまも、地下の防空壕で震えながら死に直面している人々、爆撃によって体を吹き飛ばされて死んでいく人々がいる。すぐそばで生き埋めになった死体の腐臭に耐えながら籠城している人たちがいる。遠い海の向こうの惨状を見聞するだけで、戦争には巻き込まれたくない、為政者たちは戦争を起こさないでほしいと思う。ブチャの虐殺で報道された、瓦礫の下での生き埋め、後ろ手に縛られての後頭部からの銃殺、レイプされた後の惨殺、子ども殺し、そして封鎖による兵糧攻めと餓死。遺体の放置と証拠隠滅のための集団墓地。こうした想像もできなかった残虐行為が明るみになり、身を切られる思いだ。

だがそれが、自分の目の前で、あるいは離れた場所にある故郷で行われていたらどうだろう。生まれ育った愛着ある街が、爆撃で跡形もなく破壊されたらどんな心境になるだろう。そう考えると、未曾有の危機と悲しみのなかで、それでも行動を起こし、力強いメッセージを伝えようとしている映画人たちの勇気と行動力、そして良識と人間性に感嘆させられる。彼らと彼らのことばを紹介することくらいしか、いま私にできることはない。とても歯がゆいが、それが戦争という現実なのだ。

本章で、ロシア側からのコメントや見解を取り上げなかったのには、いくつかの理由がある。日本には多くのロシア研究者やロシア通がいて、彼らはロシア語でさまざまなソースに当たることができる。その彼らは、ロシアの事情に精通しているからこそ、意図せずしてロシアの視点から今回の事態について発信しているように感じることも多い。

たとえば、ロシアのインテリジェンスに詳しいことで売り出している佐藤優は、ウクライナ侵攻直後から、ロシアのやっていることは厳しく指弾されるべきだが、と前置きし、情勢の正確な分析にはプーチンやロシアの内情を知るべきだと話をはじめる。そして、「ロシアの理屈」を読者に教示するという流れに持っていく。佐藤は戦争の初期には、トランプがアメリカ大統領なら、プーチンと直に「ディール」するので戦争を回避できたと主張していた。また、キーウはすぐに陥落する、「戦後」ゼレンスキーの取りうる道は、全面降伏でなければ海外亡命か首都のリヴィウへの移転であるとも言っていた。

「ロシアについての本当のこと」を、目下日本の人々が信じていそうな事柄の否定から入って論じる。このやり方でいつの間にか「ロシアサイドから見たこの戦争」を紹介し、ロシアのやっていることは言語道断だ、との断りを入れた上で、ロシアにもロシアなりの理屈があるのだ、という見方を滑り込ませる。さらに、ロシアから見たウクライナや旧ソ連国家の歴史という背景知識によって、自身の主張に説得力を持たせる。これは定型的でありながら、巧みに人を誘導するレトリックだと言える。(51)

そしてもっと重要な点として、ウクライナ人から見ると目下の状況がどう見えるかは、ロシア側の視点から相対化されてはならない。両論併記が倫理的に許されない場面が、この世界には存在する。この点については、第二章で論じた「事実」に関する考察で述べたとおりだ。

そしてまた、デニス・イワノフが主張するように、ロシアからの声の紹介は、期せずして国内向けと国外向けで異なるロシア文化人の発信を免罪することになるおそれもある。今般の戦争について、ロシア研究者やロシア通からの発信は、つねにロシアとロシア語のフィルターを通してなされている。その点からも、ウクライナ映画人に限定した紹介には意味があるはずだ。

他方で、「ウクライナ寄り」とされる西側からの発信は、軍事的な現状と現地住民の人的被害や犠牲についてのニュースが大半を占めている。そこに同じ事態をロシア当局がどう発表したかがセットでついている場合が多い。こうした発信をうけてネット上では、ウクライナ寄り、ロシア寄りそれぞれのコメントが並ぶ。

このように、ある意味定型化されたニュース報道やネット上の言論とは異なった視点から事態を見るにはどうしたらいいのか。映画という媒体を通じて世界と関わってきた人たちが、いま起きていることを現場からどのように見ているかは大いに参考になる。

ここで紹介してきた人々の言動には、「インテリジェンス」「軍事戦略」の観点から語られるのとは別の、戦争の位相と人々の苦悩が映し出されている。

私たちはそう簡単に、ロシア映画ボイコット派と反ボイコット派のいずれが正しいということはできない。戦火のウクライナにとどまった人（イワノフなど）と、外国に逃れた人（ロドニャンスキーなど）、あるいはすでに外国在住だった人（ロズニツァなど）とでは、事態を見る視線は同じではないだろう。ましてや東部の激戦地の最前線で戦闘に従事するセンツォフのような人にとっては、国際映画祭も映画アカデミーも遥か彼方、異世界の話のはずだ。

戦争の渦中にある人々にとっての、ナショナルなもの、帰属意識、そして敵国をどう意識するかを、簡単に理解することも評価することもできない。それぞれが自らにこのことを問いかけ、答えを探すために事実を集め、考えつづけるしかない。ここで紹介したウクライナ映画人たちの意見や状況を通じて、私自身が読者とともに考えはじめるきっかけとなる問いを提示したつもりだ。

ナショナリズムはひどい暴力を生み、ずる賢い支配者は人々の愛国心に巣食う。それでも私たちは、ナショナルな帰属意識なしに現代世界を生きることは難しい。そして地政学的に世界の東端に位置する日本にいると、民族が行き交うことがつねで、大国の野心によって蹂躙されつづけた歴史を持つ、ウクライナや東欧の人々にとってのナショナルなものを理解することはなかなかに難しい。それでも、歴史と文化の固有性に目を向けることでしか、その先の普遍的な人間性に到達することはできない。これはたしかなことだ。

終章　善と想像力について

幸福な家庭はどれも似たものだが、不幸な家庭はいずれもそれぞれに不幸なものである。
トルストイ『アンナ・カレーニナ』

トルストイは、幸福は皆似ているが、不幸には個性があると、とびきり不幸な物語である『アンナ・カレーニナ』の冒頭で述べている。『アンナ・カレーニナ』はたしかに特異な話で、いまなら「キャラ立った」と呼ばれるような登場人物の強烈な個性が炸裂している。それにしても、十九世紀に自由な生き方を目指した女性は、誰も彼も病気で死んだり自殺したりするのは勘弁してほしい。

かつて女性たちが、わずかな自由と引き換えに差し出した犠牲の大きさに思いを巡らせていると、実はむしろ幸福ではなく不幸の方が皆似ているのではないかという疑念が強まってくる。たしかに運命に抗いもがき苦しんで不幸に陥るプロセスは、一人ひとり異なるかもしれない。だが、不幸が人に強いる生活、苦しみや病や死はどれも似ており、その惨めさは人の個性を見えにくくしてしまう。このことは、貧困者には誰も目をとめず、彼らをいないかのように扱う現在の日本社会を思い浮かべても納得される。
お茶の水橋でビッグ・イシュー誌を売っているおじさんも、おそらく駅員の「お目こぼし」で日本の駅には珍しく地べたに座って「物乞い」をする池袋駅の老人も、通り過ぎる人たちはまるで彼らがいないかのように扱っている。人が貧困や不幸に陥るプロセスは多種多様かもしれないが、そこにとどまる人たちは、皆同じような存在、見えているのに見えない存在として扱われているのではないだろうか。

幸福の物語は凡庸で、小説家にとってよき題材ではないかもしれない。しかし、幸福な人々は「個性」を追求することができる。そのための時間もお金もある程度持っていることがむしろ幸福の条件とも言える。お金や時間があったって不幸な人もいる、という主張はあるだろう。だがこれについて、私は一顧だに値しないと思っている。多くの場合、お金や時間があってとてつもなく不幸であることの内実は、彼らの生活の「向こう側」にいる不幸な人たちの現実と何らかの形で共振している。[1]

現代社会において貧困であることとは、すべてを剝奪されているに等しい。なんと言っても私たちは、「ホモ・エコノミクス」の時代を生きているのだから。文豪の題材にならなくたって、生活に余裕がある幸福な人の方が、貧困で不幸な人よりも多様な生き方を目指し、個性的に生きるチャンスが多いのは明らかだ。

トルストイが幸福を一様なものと捉えた一方で、アーレントは「悪の凡庸さ」を指摘した。これは彼女がアイヒマン裁判について語った『エルサレムのアイヒマン』のなかの有名なフレーズである。

映画「ハンナ・アーレント」(二〇一二)で描かれたとおり、この論考は彼女を激しい非難を伴う政治的論争に巻き込んだ。お前はユダヤ人の敵だと罵倒され、アイヒマンを擁護したと手ひどい誹謗中傷が行われた。いまでいう炎上状態だ。だが彼女は、四方八方からの批判にいちいち答えることはせず、代わりに「真理と政治」という論考を書いた。その内容については、第二章で取り上げたとおりである。

アーレントが凡庸と言ったのは、アウシュヴィッツへのユダヤ人大量移送を主導したアドルフ・アイヒマンの役人根性についてだった。つまりナチスの悪全般ではなく、アイヒマンのような「凡庸さ」を体現する人間が巨悪を支えたことに、アーレントは衝撃を覚えたのだ。ユダヤ人虐殺は、犠牲者の数、暴力が実行された地理的範囲の大きさから、ヨーロッパおよび世界秩序全体が被った激震であった。ところがそれに関わった主要人物のあまりにも取るに足りない言い訳を目の当たりにしたことで、アーレントはどことなく割に合わない肩すかしのような感じを与えられたのだろう。

もちろんアイヒマンにとっては、凡庸なふりをすることは裁判での責任逃れのための方便にすぎなかった。エルサレムでの裁判において、四面楚歌状態で滔々と自己弁護する答弁を聞くだけで、そのことがよく分かる。アイヒマンは大変な雄弁家かつ役者で、また冷徹で有能な官吏でもあり、凡庸どころではなかった。裁判で自己弁護のために喋らせる舞台を与えたこと自体が一つの「罪」であると思わせるほど、聴く側に後ろめたさを感じさせるような大演説を行い、死刑以外想像しがたい状況下で、全くぶれずに自説を貫いた。(2)

だが、たとえそれを遂行する主体がいかに強靭に見えたとしても、悪行というのはやはりありふれていて、どれも似た部分がある。巨悪と小さな悪は違うという思想もありうるだろう。しかしよく考えると、悪は例外なく卑怯で、だからこそ「小さい」存在なのだ。小役人を装うアイヒマンは、ずる賢く頭は切れるが全く徳のない卑怯者だ。また、準備不足の無謀な戦争をはじめて全世界をむちゃくちゃな混乱に巻き込んだプーチンの悪は、その発想もことば遣いも、甚大な結果にそぐわぬほどありふれた小さいものに見える。アーレントは次のように言いう。

私はいまでは、悪はつねにただ極端であることはあっても決して根源的なものではなく、深みを持たず、また魔力 Dämonie も有していない、と考えています。それはまさに、菌のように表面に生え拡がるからこそ、全世界を荒廃させうるのです。(3)

あるいは昔はもっと大きな悪が存在したのに、プーチンの行いが巨悪の稚拙なパロディにすぎないだけということだろうか。かつてのロシア帝国の版図こそがロシアである。東スラブ人からなるロシア、ベラルーシ、ウクライナは兄弟国家である。ウクライナ領内を牛耳るネオナチとファシズムを一掃しなければならない。こうした主張は、実は一世紀前の人種理論と生存圏思想と地政学的発想に彩られた、ナチスの「フェルキッシュ・ナショナリズム völkisch Nationalismus」にそっくりだ。また、「ロシア系住民が多く住んでいるところはロシアの支配下に置かれるべき」というのは信じがたい理屈だが、これも二十世紀のフェルキッシュな亡霊の一つだ。これらはすべて、九十年前にナチス・ドイツがくり広げた、アーリア人についての似非科学と擬似歴史学に基づく侵略の理屈そのものである。同じ時期に、スターリンのソ連や東欧諸国でも、スラブ民族について似たような「神話」が唱えられていた。つまり、旧ソ連圏の反ユダヤ主義とナショナリズムは、今も昔も不倶戴天の敵だったナチスの受け売りをやっているわけだ。

アーレントは危機の時代の預言者で、『全体主義の起源2　帝国主義』でドイツのフェルキッシュ・ナショナリズムと、それの派生形としてのソ連東欧圏の汎スラブ主義について克明に描いている。[4]これを読むと、現在「プーチンのロシア」から漏れ伝わってくる歴史観やイデオロギーが、ソ連とロシアを主語に、部分的に語彙を入れ替えたナチスの世界像の反復であることが明らかになる。『全体主義の起源』では、数多くの荒唐無稽な人種主義や全体主義のイデオロギーが紹介されているのだが、そのなかでも最も信じがたいものの一つが、このフェルキッシュ・ナショナリズムだ。

もちろんこんな子どもじみた妄想を抱く人がいるかもしれないと想像はできる。驚くべき妄想家はどこにでもいるだろう。だが、脳内に展開するこうした惨めな憎悪と征服欲に基づいて、実際に他国を侵略し、少数民族を抑圧して強制移住させ、強制収容所に押し込んだ挙句システマティックに大量殺戮する人たちがいるということは、とても信じられない。現在に目を移すと、フェルキッシュな思想に基づく隣国の軍事侵略が、まさか二十一世紀に行われるとは。さらに、今回侵略を実行した国家指導者プーチンは、核のボタンが入ったカバンをどこへ行くにも側近に携行させていると言われている。[5]しかもこの国は、世界で最も多くの核弾頭を持っているのだ。[6]

悪は互いに参照し合い、同じことをくり返す。帝政ロシアの領土的野心はソ連時代に再度呼び覚まされ、ソ連の独裁者スターリンの偏執的支配妄想を反復しているのが現在のプーチンなのだから。文配欲と暴力はそれがもたらした犠牲の大きさによって巨大なものに見えるかもしれない。しかしその内実は、過去の残虐と暴力を張りぼてで覆った二番煎じ、三番煎じにすぎず、やはり悪は凡庸でどれも似ているのだ。

プーチンはマリウポリやウクライナ東部・南部で、グロズヌイやアレッポを再現しているように見える。徹底的に街を破壊して占領するとは、なんと凡庸な戦闘術なのだろう。ロシアの軍事戦略が専門の小泉悠氏が、「ロシアは徹底的な街の破壊という戦い方しかできないのかもしれない」と発言しているのを聞いて、暗澹たる気持ちになった。

だが、もしかしたら戦争とはどれもそういうものなのかもしれない。侵略される側、つまり戦争に巻き込まれ戦場にされる側は、全面破壊に黙って耐えるか反抗して殺されるか以外の道がないのだろう。それなら軍人たち、軍事評論家、安全保障研究者は、各国の兵器や軍事戦略について解説するだけでなく、そのことをはっきり言ってほしい。戦争の現実は、T72戦車が対戦車ミサイルに対して脆弱な「やられメカ」だとか、トルコ製のドローン「バイラクタルTB2」が黒海の要衝であるズミイヌイ島周辺でロシア軍に果敢に挑んでいるだとか、そういうことだけではないのだ。(7) 街全体が瓦礫と化すような徹底した爆撃によって、一瞬で吹き飛ばされた人々の手足が飛び散るのが戦争なのだ。ウクライナ各地から届けられる衝撃的な映像と写真は、戦争がすべてを破壊し尽くすということを、比喩でもなんでもなくリアルタイムに伝えている。(8)

考えてみれば、街の徹底した破壊はロシアやナチスにかぎったことではない。イラク戦争時のバグダッドで起きたことはどうだろう。アメリカはイギリスとともに、戦争開始前から制空権を獲得するために激しい空爆を展開し、抵抗の拠点となりうるすべてを破壊し尽くしてから陸上に展開した。アフガニスタンのカブールは、ベトナムのホーチミン（サイゴン）は、そして日本の広島と長崎はどうだろう。戦争というのが、兵器や武器を携えた戦闘員同士の単なる陣取り合戦ではなく、一般人の無慈悲な大殺戮と街を瓦礫と化す巨大な破壊であることは、変わらぬ事実なのだ。ロシアのプロパガンダを私たちが鼻で笑うのも、民間人の犠牲を出さずに軍事施設や敵の兵士だけを攻撃するなんてできるわけがないと分かっているからだ。少なくとも、総力戦と称して全国民を戦争の当事者にする二十世紀には、戦争は民間人の殺戮、略奪、あらゆる建物の破壊と瓦礫の山を残すものになっていた。つまり現代の戦争は、百年にわたってくり返されてきた、動機が凡庸で方法が稚拙でありながら、軍事技術だけが桁知らずに「進歩」しつづけるために人的物的被害が破格になってしまう、最悪級の悪に他ならないのだ。

こうした凡庸かつ無慈悲な悪の風景はどれも似ている。瓦礫の山はアレッポでもマリウポリでも同じに見える。悲しみにくれる人々の表情もそっくりだ。だがこれに対して、善意からの行為は創意工夫に富んでいる。平和を願い、戦争反対の意思表示をするだけで即刻逮捕される時代には、善なる行動はきわめて困難になる。しかも暴力がはびこる場所では、善は軽蔑と辱めの対象にすらされる。攻撃的心性が支配する戦時下や厳しい言論弾圧の下では、いじめを注意した子が壮絶ないじめの標的となるのと似たことが起こる。悪に加担し悪を黙認する人は、体制に反対する善を許さないことでしか自らを守り保つことができないのだ。

このような真っ暗な状況下でも、たとえばロシア側に連れて行かれたウクライナ市民を、ロシア人の地下ネットワークがエストニアなど第三国に逃がす手伝いをしているようだ。(9) 容赦ない取り締まりによって、ロシアでの反戦活動は不可能になっており、現在では独立系メディアは壊滅状態だ。それこそナチ的なすばやさで法改正が行われ、異論表明が事実上全く不可能となるまでは、ロシア国内でもあの手この手の反戦活動や、身を挺した公然たる政権批判が行われていた。たとえば三月下旬までは、ウクライナの国旗の青と黄を混ぜた色である緑のリボンを用いて、また何も書かれていない紙を持って路上に立つことによって反戦表明が行われていた。現状は、もしそうした行動をしてもどこにも届く暇もなく、届けてくれるメディアも情報網もなく、即刻逮捕され痕跡を消し去られる状況のようだ。(10)

ただ、こうした状況の下でも、創意工夫の反戦行動はなされている。たとえばロシア科学アカデミーは、三年に一度新入会員を迎える。二〇二二年はちょうどメンバーが入れ替わる年で、五月三十日に三百九名の新会員を選出するための選挙がはじまった。この選挙はロシアのアカデミアたちの互選によるものである。科学アカデミー会員にウクライナ侵攻に賛同している学者が選ばれないようにするため、千七百名を超える候補者のなかで、戦争賛成の意思表示をしている人名のリストが出回っているということだ。これは匿名の研究者たちが行っていることで、彼らは職を失うことを恐れて名乗り出ることができない。それでも良心に恥じない行いをしたいと考えている。(11)

唯一ロシアに明確に追随している国ベラルーシでも、テロ行為を試みただけで死刑にできる法律が成立した。プーチンはこの戦争に敗北したら自身の支配が終わると考えており、ベラルーシのルカシェンコもまた、ロシアの凋落と同時に自身の命運が尽きることを理解している。そもそもルカシェンコは、二〇二〇年に不正選挙への反対で政権が転覆しかけたときロシアの武力に頼ったために、プーチンからの依頼を断れないのだ。そしてベラルーシ国内では厳しい情報統制と弾圧を行っている。こうした独裁者たちが戦争と抑圧をやめないのは、誰にでも分かりきった平凡な動機による。彼らは権力を失うことへの恐怖に突き動かされているのだ。暴力に訴えて人々を抑圧する権力者たちは、いつも同じ恐怖に苛まれている。彼らの疑心暗鬼は無根拠ではない。政敵や目障りなものを次々毒殺・銃殺する指導者を心から歓迎する人などいないからだ。人々は彼らに恐怖し、その恐怖が自らを追い落とすエネルギーとなることを恐怖する指導者は、ますます弾圧を強め、暴力に訴える。彼らは誰もが、同じようなトーンと方法で卑怯な計画を実行に移す。

現在のロシアでは、凡庸な悪の支配に抵抗できる余地がなく、社会は従順にも沈黙しているように見える。こうした状況下で、善は奇跡である。また戦火の街で命がどうなるか分からない人々の間でも、やはり善は奇跡であろう。

私たちはいま、悪が言い訳なしに通用し、もの言えぬ人々がそれを甘受しなければならない時代に生きている。その悪がいかに嘘つきで、卑劣で、ずるくて、品がなく、暴力的かは、ロズニツァの「ドンバス」で嫌というほど描かれている。これが現在行われている戦争を先取りする形で、二〇一四年にドンバス地方ですでに起こっていたことだと考えると絶望的になる。似たような凡庸で残忍な悪が、ウクライナ全土で飽くことなくくり返されていることになるからだ。悪はくり返し、その度に多くの人を傷つけ、善意の人々は隠れている以外ない。見つかったら隠れ家から引っ張り出されて酷い目に遭わされ、絶望と死に直面させられる。

人々は抗議の意思を表明することを許されていない。リビアでも、ミャンマーでも、アフガニスタンでも、シリアでも、そして香港でも新疆でも、抗議は幽閉と洗脳と死へと結びついている。このような世界で、善を行うことはとても難しい。だからこそ、善には想像力が必要なのだ。その場の状況を見極めながら、命をつなぐことと善を両立させなければならない。苦境のなかにあって、善はつねに新たにその表現法を見出さなければならない。そうでなければ善は死に絶え、消えてしまうだろう。どんな小さな善をも悪が潰しにくる状況下では、人間が持つ想像力をすべて働かせ、それを善なる実践へと結びつけなければならない。

アーレントが政治的行為を「活動」と呼び、そこでの生を動物的生とは異なる「人間」の条件であると名指したとき、彼女が考えていたことは、こうした意味での善の創造性であったはずだ。凡庸な悪は途方もない「実力」を伴って、世界を蹂躙している。本性上非武装であらざるをえない善は、こうした力に対抗するため、想像力を駆使し、機転を利かせ、消えかけた炎に活力を与えつづけなければならない。そうした場面では、善とは実に非凡で個性的で、創発性に満ちた行いとなるだろう。

ヴァルター・ベンヤミンが遺した草稿のなかに、過去が積み上げた瓦礫の山を、強風に煽られながら翼を立て、後ろ向きに見つめる「歴史の天使」が出てくる。ベンヤミンはナチスに追われ、ピレネーの山を越えることができずに一九四〇年にフランス＝スペイン国境近くで死んだ。(12) 歴史の天使はいまも、積み上がる瓦礫を強風に耐えながら見つめつづけているのだろうか。ロシアとウクライナの戦争は、瓦礫の山をまた高くしてしまっている。天使はただ見つめることしかできない。天使たちはこの世のものではないのだから、瓦礫を片づけることも地上の運命を変えることもできない。皮肉なことだが、人間たちは有限性に閉じ込められているために、愚かにも瓦礫の山をうず高く積み上げつづけることができる。しかし一方で、その瓦礫を片づけ、生き埋めにされた人たちを助け出すことができるのもまた、人間たちだけなのだ。

悪は凡庸であるがゆえにくり返され、過ちの瓦礫は途方もなく積み上がる。善は奇跡であるがゆえに、稀な行いであらざるをえない。それでもなお、無限なる神的存在ではなく有限なる人間だけが、悪の瓦礫を取り除いて新しい善なる何かをはじめることができるのだ。

付

ウクライナにて。戦争、死、そして生。

イェゴール・フィルソフ

私はウクライナ東部のアウディーイウカという小さな町の出身です。アウディーイウカは八年にわたって戦争の前線にありますが、今のところ［ブチャやマリウポリのように］世界の新聞の一面に登場するまでにはなっていません。そのことに感謝します。

ロシアの支援を受けた分離主義者が二〇一四年にウクライナ東部で戦争をはじめたときには、私は戦争から逃げ出せると思っていました。首都のキーウで家族を持ち、キャリアを積みました。そして政治家になりました。二年前には、キーウ郊外二十マイルにあるブチャに家を買いました。

でも、私にとって戦争は終わっていなかったのです。

二月の終わりにロシアがウクライナに侵攻したとき、私はキーウの地域防衛隊に入りました。地域防衛隊は、多少の戦闘訓練を受けた市民の志願兵がほとんどです。私たちは首都が主な標的だと考えていました。たくさんの人がブチャのような郊外に逃げました。そんなところに敵が行く理由がないと思ったからです。

キーウは爆撃と空爆を受けましたが、ロシアは撤退までそれ以上のことはしませんでした。そして戦争の新局面と称して、東部掌握に焦点を絞りました。

しかし、ロシア人はブチャではやってのけたのです。四月一日、私はウクライナ軍とともにブチャに入りました。ブチャの街は一カ月にわたって残忍な支配を受けていました。たくさんの遺体を目にしました。覚えているのは、通りを歩いていたとき誰かの犬が吠えて、門が風でキーキーと音を立てていたことです。裏庭に行って住んでいる人に「こんにちは」とあいさつできる気さえしました。しかし実際に裏に行ってみると、死体しかありませんでした。

そのとき気づいたのです。私にとっての戦争は終わっていないんだと。数日のうちに私は東部の前線に戻ることを志願しました。こんな恐ろしいことをした人たちに対して、戦いつづけたいと思ったのです。

ウクライナの東部前線に立つのは容易ではありません。というのは、実際に戦闘につけるよりも多くの志願兵がいるのです。でも私は医療人材の不足を知っていたので、医療訓練を受けることにしました。そして五月初旬にはアウディーイウカに戻りました。

前線での電気、水、携帯の電波の弱さには覚悟ができていました。でもつねに死を目の前にした状況で、人が生きる感覚がどれほど強いものになるかは予想していませんでした。

ここでの私の仕事は、負傷者を担架に乗せ、応急処置を施し、病院に連れて行くことです。そして、他に誰もやる人がいないので、死んだ人も運びます。

死がありふれているところでは、人々は頑強になると思われるでしょう。ところがそうではないのです。人は繊細になり、また以前よりオープンになるのです。どこででも爆撃が起こり、見知らぬ人と遮蔽物の下に隠れていると、心から率直な会話ができます。自分だけの秘密や個人的な経験、そして大切な記憶を分かち合うことができるのです。死が荒れ狂う場所を、なるべく多くの生で満たそうとしているのでしょう。

ここでは皆がすべてのものを分かち合い、助け合っています。軍や警察、当局者すらもです。食べ物がないと分かると、与えてくれます。服が破れて汚くなっていたら、自分たちの服をくれます。タバコがなかったら、半分分けてくれます。平和なときには、私はこのような互いへのケアや配慮を見たことがないです。

一度私は牛乳を買いに出ました。途中で七十歳くらいの老人に会いました。彼は半ガロンくらい牛乳が入った瓶を私にくれましたが、お金を受け取りませんでした。私たちは話し込み、この人は二〇一六年に爆撃で奥さんが殺され、娘さんが重傷を負ったと分かりました。住んでいた家も壊されてしまいました。

なぜ逃げないのかと聞いたところ、数羽の鶏と一頭の牛がいる小屋を指さして「それで、どこに行けるって言うんだい」と言いました。

戦争前、約三万人がアウディーイウカに住んでいました。二〇一四年に戦争がはじまり、医者、警官、その他の公務員たちは街を去りました。私も同じようにしました。いまは五千人から六千人が残っています。なぜ逃げないかと聞かれたら、彼らはお金がないと言うか、どこにも行くところがないと言うはずです。

私が思うのは、彼らのなかには爆撃に慣れてしまった人もいるだろうということです。

救急車の運転手で相棒のダニルも、地元にとどまった住民です。しかし家族は脱出させました。彼が逃げなかったのは、もし自分がいなくなったら誰も負傷者の手助けをする人がいないからだそうです。

私はダニルといると落ち着いた気持ちでいられます。彼は敵の狙撃音に取り囲まれているときでさえ、静穏さを保っています。

救急車のなかでは、私たちには限られた医療上の選択肢しかありません。最初の十分間、最善を尽くします。それから病院に着くまで、だいたい一時間はかかります。到着までの間、私たちは負傷者に話しかけ、痛みや悪い考えから気を逸らそうとします。思いついたことは何でも話します。ずっと手を握っています。しばしの間、見知らぬ負傷者は私たちにとって最愛の人となります。

私たちは死んだ人を戦闘地点から運び出し、遺体安置所に移す仕事もしています。多くの死体があり、電気不足で冷蔵庫は作動していません。すさまじい臭いがします。一度ダニルと死体を運んでいるときに、爆撃がはじまりました。私たちはどちらが悪いか決められませんでした。爆撃が起きている通りに戻るか、遺体安置所の臭いに耐えるか。

かつて私は遅くまで起きていて朝も遅いのが習慣でした。いま私が好きな時間は夜明けです。朝四時にシェルターを出てタバコを吸います。そこで鳥の声を聞き、夜明けの光を見つめながら、五月の暖かさを感じます。そんなときは、まるで戦争なんかなくて、全部の恐ろしい出来事がただの悪夢のような気がしてきます。散歩に行くこともできるし、故郷の街並みが前のままであるように思うのです。

しばらくすると他の人たちも起きてきて、爆発と爆撃が再開します。ロシアがまた「解放」の一日をはじめたわけです。私が幼少期を過ごした街を、幼い思い出から、平和と私自身から「解放する」と称して爆撃するのです。

しばらくすると電話がかかってきます。応急処置と病院への移送が至急必要なのです。私たちは出動します。

The New York Times, 二〇二二年五月三十日付一面、十五面

＊ Yegor Firsov はウクライナ軍の医療班員。二〇一四年から二〇一六年までウクライナ議会議員（改革のためのウクライナ民主同盟所属）。

あとがき

本書は全くの偶然によってこのような形になった。

最初のきっかけは、ウクライナ侵攻後にロシア流の政治観を理解したいと思い、ロズニツァの「粛清裁判」「国葬」を二〇二二年三月に鑑賞したことだった。このときはロズニツァがウクライナ人であることも知らなかった。早稲田松竹の長時間の二本立ては容赦ないもので、学生時代を思い出し、うれしいような厳しいような五時間だった。ともあれ、この二作の描くものに驚愕し、これまで映画や小説を通じて「文化」としてしか知らなかったロシアの政治に、俄然興味が湧いた。

そこから英語のサブスクサイトでロズニツァのドキュメンタリー作品を視聴し、フィクション作品も鑑賞した。それと並行して、さまざまなサイトに掲載されているロズニツァのインタビューや投稿を読み、映画祭などでのインタビュー動画を見た。

彼の話にはいつも歴史的・政治的背景があり、知らない人にはよく分からない、ウクライナ、東欧、ロシアの文脈がたくさん出てくる。彼の言っていることを理解したくて調べているうちに、ウクライナ映画人たちのロシア映画に関する立場表明、またバビ・ヤールの歴史叙述に関してロズニツァがウクライナで槍玉に挙げられていることも知った。

これらを日本で紹介することには意義があると感じたため、ネット上にある彼らの声明やインタビューを翻訳しはじめた。なんらかの形で公開できないかと考えてのことだ。

こうしてどんどんウクライナ問題にはまり込んでいったのだが、それと並行して、偽情報とロシアの嘘が明るみに出るたびに、いちいち驚き、なんとも言えない恐怖を感じた。そしてこれが、前回の大統領選挙でのトランプとその取り巻きを見たときの感覚に似ていることに気づいた。

とりわけ、第二章の冒頭で取り上げているガルージンのインタビューをテレビで観たときの衝撃は強く、これが「ポスト・トゥルース」か、と周囲に熱心に話した。その際ある人から、私が力説している事柄はハンナ・アーレントの「事実の真理」に関係があるのではないかという、いま考えれば決定的な指摘をされた。アーレントの「真理と政治」は、私にとって、忘れてしまった過去の読み物の一つだったが、これを引っ張り出してきて読み直した。さらに忘れ切っていたエッセイ「政治における嘘」も改めて読んでみた。またしてもとても驚いたのだが、これらの論考は、まるでいまのロシア、そしてアメリカと世界について述べているとしか思えなかった。まさに「アーレント、ふたたび」である。失礼ながら、アーレントがこれほどの洞察力と未来透視力を持っているとは、これまで思ったことがなかった。私はすっかり彼女の魅力に取り込まれてしまった。

そして、本書執筆の過程で最も苦労したのが、第二次大戦期のウクライナおよび東欧のユダヤ人虐殺についての調査であった。やる前から分かりきっているが、陰惨なことしか出てこず、気が滅入ってしまった。処刑と死体の未加工のフッテージを無限に見つづけたロズニツァに比べれば、大したダメージではないのだろうが。

だがその過程で、二十世紀を支配し、また現在でも世界中で多くの暴力を生み出す自動機械として働きつづけている「秘密警察的なもの」というテーマに行き当たった。これはロズニツァの映画とアーレントの全体主義論をつなぐ巨大なテーマであり、二人が同じ時代を共通する視線で捉えていることに気づいた。そしてまた、秘密警察的なものの伝統が、私自身が長い間研究してきた「近代の統治」なるものを源流としていることにも。

こうしてすべてがつながってきて、本書は当初考えていた現在のロシア＝ウクライナ問題よりも、ずっと歴史的で根深い、政治と戦争と暴力の背景を探るものとなった。このように、はじめ考えていたのとは全く違った形の著書ができあがるというのは、著者にとって望外の喜びである。一人で一冊を書き下ろすことは、何でも好きなようにできる自由の享受なので、それが許される環境にいる幸運に感謝する。

＊

それにしても、ソ連時代にくり返された集団強制移住とグラーグへの収容、そして民族浄化は、これが社会主義のやることなのか、あるいは社会主義だからやったことなのかと呆然とさせられる。もっとも、ソ連の社会主義をすでに一九二四年に「ボリシェヴィズムの社会的評価」（森山工訳『国民論 他二篇』岩波文庫、二〇一八所収）で徹底批判していた社会主義者マルセル・モースなら、こんなのを社会主義と呼ばないでくれと言うだろう。

集団強制移住の理由としていつも使われたのは、「民衆の敵」や「スパイ」がその民族のなかにいるというものだった。こういった荒唐無稽な理由づけで、何十万人もが故郷の住処を追われた。ただしこの何十万は、一民族につき、の話だ。強制移住を命ずる方こそがスパイであり民衆の敵であることは明白だが、これを滑稽だとかブーメランだとか笑っていられないことは、いまのロシアを見ているとよく分かる。

今回のウクライナ侵攻がはじまったとき、ロシアから反戦運動の機運が出てきて早期に終戦になるのではないかという期待の声が、あちこちから聞かれた。希望的観測とはいえ、好戦的ではない国のコモンセンスからすると、こういった考えは当然のものだろう。戦争をはじめる動機や経緯に関して、私たちは第二次大戦の手ひどい失敗によって、かなりまともな感覚を持つに至っていることになる。

そのため、オレンジと黒のリボンを掲げて軍事パレードを賞賛したり、Zマークをつけて競技に臨むスポーツ選手を見て、はじめはとても驚いた。ロシア人たちはいったい何を信じさせられているんだろう。ソ連以来単調にくり返されてきた、でたらめな理由での強制移住や収容所での拷問や処刑に慣れてしまって、それに無感覚になっているのだろうか。これに関しては本書執筆の過程で、第四章のエピグラフに掲げたアーレントと同じような考えに至った。プロパガンダの威力は恐ろしいほど強いのだ。

別の角度から見ると、こういうこともあるだろう。人はあまりにひどい状況を認めたくないせいで、信じたいことだけを信じるという心理に陥ることがある。とりわけ自分自身や「自分たち」に原因があるかもしれないと思った途端に、それに耐えきれず、耳を塞ぎ目を閉じる。日中戦争以降に日本がアジア諸国に対して行った加害についてもこうした心理が働いてきたはずだ。毎年日本武道館で行われる戦没者追悼式では、見事なまでに日本の加害は消去され、「犠牲になった人々」のなかには日本国民しか入っていないようだ。その犠牲者のなかにも、他国侵略の手先となり加害者となった人たちがいたという事実は、決してことばにされることはない。しかも、第二次大戦期にナチのユダヤ人虐殺の片棒を担がされたウクライナと異なり、日本人は自ら皇国の臣民として進軍していったのだから、ロシア人の気持ちもよく分かると言うべきか。この本を書きながら、いつも頭の片隅に日本の戦争責任問題があった。読者にもこのことと切り離して、「被害者」ウクライナに一方的に感情移入して現在の戦争を見ることは避けてほしい。他国の歴史は自国の歴史を省みるための鏡なのだ。

＊

本書について、アーレント再読を前面に出すべきだという意見をくれたのは、担当編集者である白水社の竹園公一朗さんだ。それによって、思想史研究として長く読める作品になるとの期待を込めて。竹園さんとはこれまで論集などで一緒に仕事をしたことはあったが、単著ははじめてだ。エネルギッシュかつパワフルで、現在の政治的社会的論争状況をよくつかんでアドバイスをくれた。本書に読者を引き込む力があるとしたら、その多くは竹園さんの編集手腕によるところだ。

本書のタイトルは、オルガ・トカルチュク（一九六二〜）のノーベル文学賞受賞記念講演「優しい語り手」（小椋彩・久山宏一訳『優しい語り手――ノーベル文学賞記念講演』岩波書店、二〇二一所収）から思いついたものだ。トカルチュクは、暴力に蹂躙されつづけたポーランドの歴史から、優しさを静かに語り出す作家である。そしてまた、彼女はポーランド人の歴史的な加害問題を著作で扱い、ナショナリストに非難されたという。つまりここにも「真理を語る者」がいることになる。

芸術と思想において、語り手の存在論的な性格というのはとても重要な事柄だ。アーレントの「証言者」についての思索、ロズニツァが群衆と出来事に語らせるものを思うと、そのことがよく分かる。そして、政治的かつ思想的な場面で二人の思索者が示した語り手についての問いは、ミシェル・フーコーの問いとも響き合っている。フーコーは古代ギリシャ人の語りのうちに、「フラン・パルレ＝率直に語る」というテーマを見出した。率直に語る者、真理を語る者はいつも危険に晒される。それでも彼らが語りをやめないのは、ことばを持たぬ人々の声、聞き届けられることのない声の、代わりをしているからなのだろう。

二〇二二年八月

重田園江

*

人名索引

＊斜体は逆丁ページであることを示す。

あ

か

さ

た

な

は

ま

や

ら

註

序章

（1） 'Director Sergei Loznitsa on digging through Soviet archives and the challenge of dissecting the past,' in The Calvert Journal HP, 2019年9月24日。https://www.calvertjournal.com/features/show/11372/ukrainian-film-director-sergei-loznitsa-past-and-present-documentary

（2） このときマルセイユ経由で多くのユダヤ人をスペインに逃がしたのは、アメリカのジャーナリストであるヴァリアン・フライのグループであった。彼らは2000～4000人のユダヤ人や反体制派をフランスから逃げ延びさせた。このグループのなかに、若きアルバート・O・ハーシュマンがいた。Jeremy Adelman, *Worldly Philosopher: The Odyssey of Albert O. Hirschman*, Princeton University Press, 2013を参照。

（3） 'Director Sergei Loznitsa on digging through Soviet archives and the challenge of dissecting the past'.

第一章

（1） 調教されたゾンビは、アンドリュー・カリー監督「ゾンビーノ」（2006）でよく知られるが、ゾンビを調教するというアイデアは、ジョージ・A・ロメロ監督によると思われる。古典であるゾンビ三部作の三作目「死霊のえじき」（1985）、また「サバイバル・オブ・ザ・デッド」（2009）など。

（2） ジョン・カーペンター監督「ゼイリブ」（1988）。人間の皮をかぶったエイリアンを見分けられるサングラスの映画。

（3） ペンシルヴァニア州で起こした訴訟の一つのうち、一部の郵便投票について無効が認められた。トランプが全米で起こした62の訴訟のうち、他の61件は退けられた。

'By the numbers : President Donald Trump's failed efforts to overturn the election,' in *USA TODAY*, 2021年1月6日。

（4） 「ジェイコブズ・ラダー」（1990）は、エイドリアン・ライン監督、ティム・ロビンス主演のアメリカ映画。ベトナムで重傷を負った兵士が見る悪夢が主題である。1950年代から60年代に行われた、CIAによる兵士や一般人を用いた生体実験計画が、この映画の背景にある。「MKウルトラ」という名のこの計画は、関連文書の廃棄によって片鱗しか明らかになって

いないが、さまざまな麻薬や化学物質を用いた「洗脳」に関する人体実験である。Stephan Kinzer, *Poisoner in Chief: Sidney Gottlieb and the CIA Search for Mind Control*, Holt & Co., 2019 に、MK ウルトラの LSD 実験における CIA と化学者の暗躍が描かれている。

(5) ペンタゴン・ペーパーズは 2011 年、米国国立公文書館によって全文が公開されている。6 部構成の膨大な文書である。https://www.archives.gov/research/pentagon-papers

(6) Hannah Arendt, 'Lying in Politics: Reflexions on the Pentagon Papers,' in *The New York Review of Books*, Vol. 17, No.8, (1971.11)(山田正行訳「政治における嘘——国防省秘密報告書《ペンタゴン・ペーパーズ》についての省察」『暴力について』みすず書房、2000、p.2).

(7) 'Putin 'purges' 150 FSB agents in response to Russia's botched war with Ukraine,' in *The Times*, 2022 年 4 月 11 日。https://www.thetimes.co.uk/article/putin-purges-150-fsb-agents-in-response-to-russias-botched-war-with-ukraine-lf9k6tn6g

(8) 「政治における嘘」p.5.

(9) リトヴィネンコ暗殺については、ドキュメンタリー映画がある。アンドレイ・ネクラーソフ監督「暗殺・リトビネンコ事件」(2007)。リトヴィネンコとフェリシチンスキーによる告発本は、中澤孝之監訳『ロシア闇の戦争－プーチンと秘密警察の恐るべきテロ工作を暴く』光文社、2007。

(10) ポリトコフスカヤ(両親はウクライナ人)は、ロシアの新聞社、ノーヴァヤ・ガゼータの記者。ノーヴァヤ・ガゼータは、2021 年に編集長のドミトリー・ムラトフがノーベル平和賞を受賞したが、このときまでに同紙の記者 6 人が殺害されていた。ポリトコフスカヤは 2003 年、モスクワ劇場占拠事件でチェチェン武装勢力側に送り込まれたロシア側のスパイであった、テルキバエフ(2003 年グロズヌイで原因不明の交通事故により死亡)の告白を聞いた。彼女の著書には 3 冊の日本語訳がある。三浦みどり訳『チェチェン－やめられない戦争』日本放送出版協会、2004、鍛原多惠子訳『プーチニズム－報道されないロシアの現実』日本放送出版協会、2005、同訳『ロシアン・ダイアリー－暗殺された女性記者の取材手帳』日本放送出版協会、2007。

(11) 秘密警察については、第 4 章第 1 節を参照。

(12) 日中戦争については多くの著書がある。加藤陽子『満州事変から日中戦争へ－シリーズ日本近現代史〈5〉』岩波新書、2007 など。

(13) 今回の戦争でもしばしばその暗躍が指摘されているロシアの民間軍事会社「ワグネル」は、2013 年に設立された。この組織は元 GRU(ロシア連邦軍参謀本部情報総局)のドミトリー・ウトキンが創設した。この人はネオナチの信奉者だとされる(小泉悠『現代ロシアの軍事戦略』ちくま新

書、2021、p.162）。なお、アメリカおよびイギリス発祥で世界各地に広がったネオナチの間には、国際的なつながりがあるとされる。ロシアにも、2015年テキサス発祥のAtomwaffen Divisionの一つであるAtomwaffen Russlandがあり、ウクライナのガリツィア地方、オデーサなどにも活動を広めてきたとされる。公安調査庁HP。

https://www.moj.go.jp/psia/ITH/topics/column_03.html

（14） この点について、戦争初期に非常に具体的な指摘がある。日本記者クラブ講演「ウクライナ」（2）小泉悠・東京大学先端科学技術研究センター専任講師、2022年3月9日。

https://www.youtube.com/watch?v=r0a3s5Y50yo

緒戦でロシアの命令系統にかなりの乱れがあった理由については、コーカサス地域の専門家である廣瀬陽子氏が、情報が西側に筒抜けになることを嫌って、ぎりぎりまで侵攻命令を秘匿していたためと推測している。AERA dot. 2022年7月16日。

https://dot.asahi.com/dot/2022071100037.html

近代の「作戦術」を発明したのは、ロシア帝国軍のアレクサンドル・スヴェチン（1878-1938）とされる。スヴェチンは現ウクライナのオデーサ出身で、スターリンの大粛清で銃殺された。作戦術がはじめて大規模に援用され、成功したのが独ソ戦でのソ連軍である（大木毅『独ソ戦－絶滅戦争の惨禍』岩波新書、2019）。アメリカはベトナム戦争敗北後に作戦術の重要性を理解し、これを取り入れた。

（15）「政治における嘘」p.32.

（16） 同、p.31. ロシアとウクライナの軍事力に関して、イギリスのシンクタンクであるIISS（国際戦略研究所）の軍事バランス2022によると、兵員はロシアがウクライナの4.6倍、予備兵は2.2倍、装甲戦闘車両は4.8倍、航空機は10.5倍、ヘリコプターは17.2倍、潜水艦はロシア49艇に対してウクライナは0、防衛予算は9.7倍、人口は3.3倍である。

（17） ブチャで虐殺を行ったのは「第64独立自動車化狙撃旅団」だとされる。プーチンは2022年4月18日、この部隊に「親衛隊」の名誉称号を授けた。「プーチン大統領、ブチャ虐殺疑いの部隊を「英雄」扱い　民間人虐殺は「フェイク」、名誉称号「親衛隊」に」東京新聞、2022年4月20日。

https://www.tokyo-np.co.jp/article/172880

この部隊はそれによって「第64独立親衛自動車化狙撃旅団」となったが、一部が東部戦線のハルキウ＝イジューム間の激戦地に転戦させられ、ほぼ壊滅したとされる。ウクライナ側の発表では、プーチンは彼らを休息もなく最も危険な前線に投入することで、ブチャの虐殺で証言する加害者を体よく抹殺してしまった。

'Russia's Butchers of Bucha brigade has already suffered 'heavy losses' in

Donbas amid claims Putin sent them to their deaths so they could never give evidence at war crimes trial,' in *Mail Online*, 2022 年 4 月 22 日。
https://www.dailymail.co.uk/news/article-10758415/Russias-Butchers-Bucha-brigade-attacked-Ukrainian-drones-suffers-heavy-losses-Donbas.html

その後この部隊から大量の帰還希望者が出て、上官たちは引き留めのために給料を上げたと報じられた。2022 年 9 月時点で当初の 2500 人の部隊員のうち 80% 以上が戦死・負傷・脱走したため部隊が解体されたとの情報がある。なおこの旅団は極東のハバロフスク地方に属する。

'Russian 64th Separate Guards Motor Rifle Brigade Most Likely Destroyed', in *Atlas News*, 2022 年 9 月 18 日。

(18) 坂田雅子監督のドキュメンタリー「花はどこへいった」(2007) を参照。

(19) 2009 年 5 月、ベトナムでの法的責任を認めないアメリカと枯葉剤製造企業（モンサント社、ダウ社など）に対して、国際人民裁判がパリで開かれた。その際の記録「ベトナムのオレンジ剤犠牲者を支持する国際人民による良心の法廷判決」
https://iadllaw.org/files/Judgment%20Agent%20Orange%20Tribunal.pdf

ベトナム帰還兵の枯葉剤訴訟については、Laura Smith, 'The Agent Orange trial proved that US chemical companies killed our soldiers, but got away with it,' in Timeline HP, 2017 年 7 月 20 日。
https://timeline.com/the-agent-orange-trial-proved-that-chemical-companies-always-win-e7d1d798789d

ベトナムに取材したドキュメンタリー三部作は、坂田雅子「花はどこへいった」(2007)、「沈黙の春を生きて」(2011)、「失われた時の中で」(2022)。「沈黙の春を生きて」は、アメリカのベトナム帰還兵とその子どもへの健康被害にも目を向け、ベトナムとアメリカの被害者同士の交流を描いている。

多くの写真を含む記録として、中村悟郎『新版　母は枯葉剤を浴びた－ダイオキシンの傷あと』岩波現代文庫、2005.

実は枯葉剤の製造・運搬・処分には、日本も大いに関係している。沖縄や九州の土中から枯葉剤のドラム缶が次々と見つかったのは偶然ではない。ジョン・ミッチェル、阿部小涼訳『追跡　沖縄の枯葉剤－埋もれた戦争犯罪を掘り起こす』高文研、2014.

(20) 「ロシア人作家ウラジーミル・ソローキンが語る「プーチンはいかに怪物となったのか」」南ドイツ新聞インタビュー（「クーリエ・ジャポン」2022 年 3 月 4 日）。
https://courrier.jp/news/archives/280820/

(21) Rudolph Rummel, *China's Bloody Century : Genocide and Mass Murder Since 1900*, Routledge, 1991 では、日本軍によって直接殺されたのは約 400 万人、

飢餓や戦時の混乱での間接的な死者は約1000万人としている。

(22) ポロニウム210は毒殺に好都合な性質を持つとされ、パレスチナ解放機構のアラファトもこの毒で暗殺されたとの説がある。しかし、致死量を調達することは容易ではなく、原子力発電所などから取り出す必要があるため、国家機関の関与が不可欠であると言われる。キュリー夫妻は恐ろしい元素を発見したことになる。マリー・キュリー自身も死因は放射線被曝によるとされる。

(23) 'Full statement by Alexander Litvinennko,' in CNNcom. HP, 2006年11月24日。
https://edition.cnn.com/2006/WORLD/europe/11/24/uk.spy.statement/

第二章

(1) Hannah Arendt, *The Orignns of Totalitarianism*, Schocken Books, 1951（大久保和郎・大島かおり訳『全体主義の起源3　全体主義』（新装版）みすず書房、1981、p.182）.

(2) Mikhail Y. Galuzin（ロシア語：Михаил ЮрЬевич Галузин, 1960- ）は、ロシアの外交官。ソ連時代から外務省に勤務。モスクワ生まれで駐日ロシア大使館の赴任期間が長く、このときの取材でも、通訳なし、日本語でインタビューに答えている。

(3) ガルージンのインタビュー動画はYouTubeで見られる。
https://www.youtube.com/watch?v=Z_iQ24zc4LQ
　インタビュー内で再生されているのは、倍速と急な場面の切り替えと不鮮明な解像度で不信感が拭えない動画「ブチャ市の真実」である。この動画の真偽について、メインで映っている通りが、今回虐殺があったと住民が証言しウクライナ軍が撮影したのとは別の通りであるとの検証記事が出ている。
　「ロシア投稿のブチャ虐殺否定動画に矛盾　「死の通り」とは別地点」毎日新聞2022年5月7日。
https://mainichi.jp/articles/20220506/k00/00m/030/287000c

(4) 「ロシアのプロパガンダ、誰が拡散？　SNS分析でみえた情報戦の姿」毎日新聞2022年5月5日。
https://mainichi.jp/articles/20220504/k00/00m/030/248000c

(5) マリウポリ市長は、集団墓地は少なくとも5カ所あるとする。2022年4月30日にNHKの取材に答えたもの。合わせて数千人から一万人の遺体が埋められていると主張している。
https://www.tellerreport.com/news/2022-04-30-mayor-of-mariupol-"at-least-5-mass-graves-built-by-the-russian-side".H1ZFvXGsrq.html
　その後ロシアは急いで街の復興を行っており、戦争犯罪の証拠が隠蔽さ

れた可能性がある。

(6) Hannah Arendt, 'Truth and Politics,' in *The New Yorker*（1967年2月17日), p.68-122.（引田隆也・齋藤純一訳「真理と政治」『過去と未来の間』みすず書房、1994、p. 307-360)。

(7) スピノザ『エチカ』第3部命題6において、コナトゥスの自足的性質について述べた部分に出てくる表現。

(8) 「真理と政治」p.310.

(9) 同。

(10) この状態は、『風の谷のナウシカ』における「楽園」でまどろむ双子の王子の逸話とも共通する。これが真の意味で「ニヒリズム」であることについて、重田園江「ナウシカとニヒリズム」『隔たりと政治—統治と連帯の思想』青土社、2018、p.287-293を参照。

(11) ライプニッツ哲学は現代人にはとても難解だが、基本思想の分かりやすい解説として、石黒ひで『ライプニッツの哲学—論理と言語を中心に』(増補改訂版）岩波書店、2003を挙げる。

(12) アーレントは、ソクラテスがアテナイの民主制と対立関係になり、それでもアテナイ人として強制された死を受け入れた経緯について、理性の真理と事実の真理が一体となった古代ギリシアの十全な真理観を前提として考察している。ついでに言うと「真理と政治」のエッセイは、古代ギリシアに関する部分が現代の話に混じって挿入されているために、論旨が激しく分かりにくくなっている。

(13) 「真理と政治」p.323.

(14) 同。

(15) 同、p.330.

(16) Truman Capote, *In Cold Blood: A True Account of a Multiple Murder and its Consequences*, Random House, 1966（佐々田雅子訳『冷血』新潮文庫、2006、初出はニューヨーカー誌で、1965年9月からの4回連載）.

(17) 「真理と政治」p.344.

(18) Kate Nicholson「ロシアの人たちが白いポスターでウクライナ侵攻に抗議⇒即刻逮捕される」ハフポスト・ニュース、2022年3月15日。
https://www.huffingtonpost.jp/entry/demonstrators-in-russia-resort-to-blank-sign_jp_622ff63ee4b0e01d97afb7f6

(19) 「真理と政治」p.345.

(20) 同、p.348.

(21) 同、p.350.

(22) これは、オーウェルから影響を受けたテリー・ギリアム監督の「未来世紀ブラジル」(1985) の役所の人たちが、とても忙しそうに働いていた理由でもある。

(23) George Orwell, *Animal Farm: A Fairy Story*, London: Secker and Warburg, 1945（山形浩生訳『動物農場』早川 epi 文庫、2017. 興味深いことに、オーウェル自身が同書のウクライナ語版につけた序文が訳出されている。ウクライナ語版の位置づけは、山形の「訳者あとがき」を参照、日本初訳は1949）.

(24) George Orwell, *Nineteen Eighty-Four*, London: Secker and Warburg, 1949（高橋和久訳『一九八四年』早川 epi 文庫、2009、日本初訳は 1950）.

(25) 「真理と政治」p.351.

(26) ウクライナとの戦争でのロシア軍の残忍さが指摘されるたびに想起されるのは、人の命があまりにも軽視されてきたこの国の歴史である。ツァーリの時代からつづく農民への手ひどい抑圧は、地主たちの間に広く見られた。積年の恨みによって農奴に惨殺されたとドストエフスキーが信じた父のエピソードと、そこから着想を得た『カラマーゾフの兄弟』や『悪霊』での数々の残虐描写はその一例であろう。たとえば領民である親の目の前で、猟犬に子どもを殺させて楽しむ領主が出てくる。現実には帝政が終わっても、農民たちの悪夢はつづいた。粛清、強制移住による集団農場の失敗と飢餓、強制収容所、ホロドモール（人工的大飢饉）など。

また、独ソ戦はプーチンによって「大祖国戦争」として神話化されているが、実際のありさまは悲惨だったとされる。最新鋭の装備で進撃してくるドイツ軍に対して、訓練の行き届かない農民をかき集めた赤軍の兵士たちは、敵前逃亡の危険があった。現在と同じく 80 年前のソ連軍も士気の低さに悩んでいたことになる。そこで行われたのは、いわゆる「督戦」活動であり、果ては「督戦隊」の組織化である。督戦隊は恐ろしい存在で、敵前逃亡を監視し、逃げようとした味方を後方から撃ち殺す部隊である。こうした暗黒任務に携わる部隊は戦場で臨時に作られるのが普通だが、1942 年、ソ連では赤軍に「国防人民委員令 227 号」が発令され、懲罰大隊、懲罰中隊が編成された（督戦隊に任命されること自体ある種の懲罰であった）。中国では蒋介石の国民党軍や毛沢東の赤軍も督戦隊を有したとされる。大人口を有する巨大国家が、戦争において兵士の命をこのように扱うのは恐ろしいかぎりだ。

(27) 日本でエビデンスの語が「確実な証拠の存在」とは異なった文脈で、専門家批判やある種の科学不信として流通していることについて、次の文章で考察されている。松村一志「「やたらと“エビデンス”を求める人」と「陰謀論にハマる人」、その意外な共通点」現代ビジネス、2022 年 1 月 9 日。https://gendai.ismedia.jp/articles/-/91226?page=6

(28) Ian Hacking, *The Emergence of Probability*, Cambridge University Press, 1975（広田すみれ・森元良太訳『確率の出現』慶應義塾大学出版会、2013）.

(29) Steven Shapin, Simon Schaffer, *Leviathan and the Air Pump: Hobbes, Boyle, and the Experimental Life*, Princeton University Press, 1985（吉本秀之監訳『リヴァイアサンと空気ポンプ―ホッブズ、ボイル、実験的生活』名古屋大学出版会、2016）.

(30) Antoine Arnauld, Pierre Nicole, *La Logique ou l'art de penser*, Paris, 1662（山田弘明・小沢明也訳『ポール・ロワイヤル論理学』法政大学出版局、2021）第4部第12章以下。

(31)『確率の出現』p.53.

(32) 同書、p.54.

(33) 松村一志『エビデンスの社会学－証拠の消滅と真理の現在』青土社、2021. この本を読むと、証拠についての長い論争は、「どのようなことばに、いかなる理由で真理性が認められるのか」をめぐる歴史でもあることが分かってくる。私たちはなぜ、ある言明を真理と見なし、別の言明はナンセンスであると考えるのか。その理由や背景をなす知と意味理解の枠組みは、時代や場所によって全く異なる。

(34) 私は『フーコーの穴－統計学と統治の現在』（木鐸社、2003）所収の原稿を書いていた90年代末から、証拠の歴史研究が出てくるのを待っていた。松村が心霊研究などに関心を持ったのは、彼が中高生の頃「手品部」に所属していたことと関係があるらしい。私が『フーコーの穴』をまとめていた当時、高校の手品部で部活に励んでいた人が、エビデンスについての科学史の本を書くようになったことが感慨深い。

(35) ナチスの強制収容所にはじめて入ったのは西側の軍隊ではなく赤軍であった。第3章第8節で取り上げる赤軍従軍記者ワシーリー・グロスマンは、1944年11月にズナーミャ（旗）誌に「トレブリンカの地獄」を発表した（赤尾光春・中村唯史訳『トレブリンカの地獄―ワシーリー・グロスマン初期作品集』みすず書房、2017所収）。これは、ユダヤ人を主要標的とする絶滅収容所について報告した最初の記事とされる。トレブリンカはユダヤ人絶滅を目的とする収容所で、ポーランドのワルシャワ北東約90キロの場所にある。ここで1年2か月の間に73万人以上が殺害された。

(36) NNNドキュメント（日本テレビ系）「南京事件―兵士たちの遺言・陣中日記検証」2015年10月4日放送、NNNドキュメント「南京事件II―歴史修正を検証せよ」2018年5月13日放送。

(37)「真理と政治」p.353-354.

(38) 同、p.354.

(39) 経済活動とは無関係な領域に経済の用語を用いることで、その領域の独自性を破壊する手法については、重田園江『ホモ・エコノミクス－「利己的人間」の思想史』ちくま新書、2022、第3部を参照。

(40)「真理と政治」p.358.

第Ⅱ部

（1） アン・アプルボーム、川上洸訳『グラーグ—ソ連集中収容所の歴史』白水社、2006、p.18.

第三章

（1） ハンナ・アーレント「テレージエンシュタットのほんとうの理由」ジェローム・コーン、ロン・H・フェルドマン編、山田正行・大島かおり・佐藤紀子・矢野久美子訳『反ユダヤ主義　ユダヤ論集1』みすず書房、2013、p.279. テレージエンシュタットは、ナチスが1941年にプラハ北方の要塞都市に作ったゲットーと刑務所。テレージエンシュタットには「特権ドイツ系ユダヤ人」が送られ、一部は絶滅計画から除外された。

　本章を読むと、読者はエピグラフに掲げたアーレントの引用の地名に、「ウクライナやベラルーシなどの旧ソ連地域」をつけ加えたくなるはずだ。さらにそのことに関して、これらの地域を単に非難することもできないと理解するはずだ。ナチスへの戦時協力やユダヤ人虐殺への加担は、暴力によって蹂躙されすべてを奪われたこれらの地域の歴史と切り離すことができない。これはドイツとロシアという二つの暴力的な国家に挟まれていた諸国を襲った悲劇であった。

（2） Sergei Loznitsa（ウクライナ語：Сергій Володимирович Лозниця）は、1964年にベラルーシに生まれ、ウクライナのキーウで育ち、キーウ国立工科大学を卒業。一度はAI技術者としてキーウで職に就いた。その後伝統ある全ロシア映画大学に学び、さらにドイツに移住した映画監督。「包囲」（2005、ロシア映画批評家協会最優秀ドキュメンタリー賞）、「マイダン」（2014）、「ジ・イヴェント」、（2015）、「アウステルリッツ」（2016）、「粛清裁判」（2018）、「国葬」（2019）、「バビ・ヤール：コンテクスト」（2020、カンヌ映画祭ドキュメンタリー部門審査員特別賞）、「ミスター・ランズベルギス」（2021、アムステルダム国際ドキュメンタリー映画祭最優秀作品賞・最優秀編集賞）、フィクションでは「マイ・ジョイ」（2010）、「霧の中」（2012、カンヌ映画祭国際批評家連盟賞）、「ジェントル・クリーチャー」（2017）、「ドンバス」（2018、カンヌ映画祭「ある視点」部門監督賞）などがある。

　ロズニツァはロシア語話者である。ネット上のインタビュー動画でもロシア語で話している。

（3） 2020年11月に「セルゲイ・ロズニツァ〈群衆〉3選」としてシアター・イメージフォーラムで「粛清裁判」「国葬」「アウステルリッツ」が公開された。その後全国のミニシアターや名画座でこの三作品が上映された。2022年に「ドンバス」（5月）「バビ・ヤール：コンテクスト」（9月）「ミ

スター・ランズベルギス」（12月）が公開される。また、2023年には「THE EVENT」（1月公開）のほか、「バビ・ヤール：コンテクスト」で一部のフッテージが用いられた、キーウの戦犯裁判の全貌を捉えた「THE KIEV TRIAL」も公開予定である。配給はすべて独立配給者である有田浩介氏によるサニーフィルムである。

（4） 'Ukrainian film-maker Sergei Loznitsa: 'Lies bring us to the catastrophe we are facing today,' ' in *The Financial Times*, 2022年3月1日。
https://www.ft.com/content/6918b609-2d2d-4fe0-be08-65e9c40962d7

（5） Kateryna Iakovlenko, 'Director Sergei Loznitsa on the conflict in eastern Ukraine: "This is disintegration",' in *openDemocracy*, 2018年11月19日。
https://www.opendemocracy.net/en/odr/director-sergei-loznitsa-on-his-new-film-about-the-conflict-in-eastern-ukraine/

（6） Winfried G. Sewald（1944-2001）『空襲と文学 *Luftkrieg und Literatur*』（1999、英語のタイトルは *On the Natural History of Destruction*、鈴木仁子訳『空襲と文学』新装版、白水社、2021）所収の「空襲と文学」。

（7） Hannah Arendt, *Eichmann in Jerusalem* I-V, in *The New Yorker*, February to March 1963（大久保和郎訳『エルサレムのアイヒマン―悪の陳腐さについての報告【新版】』みすず書房、2017）．

（8） ただし、ナチスの非道は約束を守るという発想を根本的に欠いており、評議会メンバーも結局は多くが強制収容所送りになった。つまり評議会は、ユダヤ人を便利に使って彼らにゲットーでの問題の責任を押しつけ、円滑に収容所送りにするためにナチスが発明した小さな道具にすぎなかったのだ。また収容所のユダヤ人の運命を悟った評議会の議長のなかには、住民の移送を拒否して殺害されたり自殺する者もいた。

（9） アーレントがユダヤ人界から非難された理由は、こうした主張内容以外にもあったようだ。たとえば加藤典洋は「語り口の問題」（『敗戦後論』講談社、1997）のなかで、アーレントの文体が人々を困惑させたことを指摘している。それは「硬質でしゃれた」語り口と「皮肉と諷刺をまじえる乾いた論調と言い方」（ちくま学芸文庫版、p.257）からなっていたために、ユダヤ人虐殺という主題にふさわしくないと捉えられた。加藤によるアーレントの文体の描写は、ロズニツァ映画にもそのまま当てはまる。

（10） Nicolas Rapoid, 'Russia and Ukraine Have Long Been This Filmmaker's Subject,' in *The New York Times*, 2022年4月1日。
https://www.nytimes.com/2022/04/01/movies/sergei-loznitsa-russia-ukraine.html

（11） 爆撃の場所は3月4日のBYHMC公式ツイッターのなかで図示されている。隣接敷地のテレビ塔に二発、工事中の「東欧ホロコースト博物館」建設地に一発が投下されている。つまり現存の記念碑は無事だったが、敷

地内の建物が爆撃を受けたのは事実だった。

（12） 記念碑や建造物などの写真は、Christele Harrouk, 'Changing the Paradigms of Memorialization: the Ongoing Story Behind the Babyn Yar Holocaust Memorial Center,' in Arch Daily, 2022年2月16日にある（Arch Dailyは世界の建築情報を集めたウェブサイト）。ロシアによる侵攻直前の現状と計画を知ることができる。
https://www.archdaily.com/976753/changing-the-paradigms-of-memorialization-the-ongoing-story-behind-the-babyn-yar-holocaust-memorial-center?ad_medium=gallery

（13） ペトロ・ポロシェンコは、2014年のマイダン革命後から2019年までウクライナ大統領を務めた。ヤヌコーヴィチ政権下でも閣僚を歴任した政治家。オデーサ州に生まれ、中部ヴィーンヌィツァで育った。「チョコレート王」とも言われる富豪である。今回の侵攻後はプーチンの誘いに乗らず、CNNの取材では、侵攻直後の2月25日にキーウの地域防衛隊とともに銃を取っている。ゼレンスキーに協力しているという。'Former Ukrainian president is on the streets with a rifle,'
https://www.youtube.com/watch?v=yEemYjYRYsg

（14） ヴィタリ・クリチコは現キーウ市長。ウラジーミルは弟。兄弟ともに元ヘビー級チャンピオン。ウラジーミルはWBAスーパー、IBF、WBO元ヘビー級チャンピオンかつアトランタオリンピックスーパーヘビー級金メダリスト。ヴィタリはWBC、WBO元ヘビー級チャンピオン。二人は今回の侵攻で何度も取材を受けている。身長2メートルのヴィタリは、「格闘技が得意なプーチン大統領と対戦したいか」と聞かれて「老人とは戦わない」と答えている。兄弟はそれぞれのちのキルギスとカザフスタンの生まれで、第二次大戦後にウクライナから中央アジアに流刑にされた家系である。

（15） 彼らは二人ともユダヤ系でソ連時代のウクライナ生まれ。ロシアとイスラエルの両国籍を持つ。

（16） Jadwiga Rogożà, 'Ukraine's disputes over the 80th anniversary of the Babi Yar massacre,' in OWS（Centre for Eastern Studies）HP, 2021年10月22日。OWSはワルシャワにあるポーランド国立調査研究センター。
https://www.osw.waw.pl/en/publikacje/osw-commentary/2021-10-22/ukraines-disputes-over-80th-anniversary-babi-yar-massacre

（17） Josef Zisels, 'What is Happening around Babyn Yar Today?,' in Kharkiv Human Rights Protection Group HP, 2018年9月4日。
https://khpg.org/en/1536010583

（18） Halya Coynash, ' 'Decommunization' in Ukraine Carried Out Using Communist Methods,' in Kharkiv Human Rights Protection Group HP, 2016

年6月9日。
https://khpg.org/en/1462928536

(19) Jadwiga Rogozá , ‘Ukraine's disputes over the 80th anniversary of the Babi Yar massacre' および BYHMC HP を参照。

(20) Patrick Debois, *The Holocaust by Bullets: A Priest's Journey to Uncover the Truth Behind the Murder of 1.5 Million Jews*, Palgrave Macmillan, 2008.

(21) ナチスの東欧・ロシア支配とユダヤ人虐殺においてバビ・ヤールがいかに重要かは、たとえば『ロシアユダヤ人黒書』の構成を見ると分かる。原著500ページに及ぶこの大著(書誌情報は註(61)を参照)において、著書の冒頭にウクライナ、そのさらに冒頭に「バビ・ヤール」が置かれている。

(22) https://babynyar.org/en/context

(23) 註(17)で挙げたJosef (Yosyf) Ziselsは、「ロシアン・プロジェクト」批判の急先鋒である。このプロジェクトへの批判は、計画中のホロコースト記念博物館の芸術監督に、2019年末にイリヤ・フルジャノフスキーが任命されたことで高まった。フルジャノフスキーはモスクワ生まれで著名なアニメーション監督の息子。「4」(2004)「ダウ」(2019)を監督した。フルジャノフスキーを芸術監督とする博物館計画を「ディズニーランド」と揶揄するこのときの批判については、上田洋子「ロシア語で旅する世界(10)循環する記憶—イリヤ・フルジャノフスキー監督『DAU』とバービン・ヤル博物館」webゲンロン、2020年9月23日を参照。
https://www.genron-alpha.com/genron011_22/#ueda10
ただしこの記事は、バビ・ヤール虐殺とウクライナ・ナショナリズムとの関係に触れていない。そのため、バビ・ヤール博物館の問題が、フルジャノフスキー個人の資質だけに起因するかのような印象を与える。また、著者の上田氏は、映画「ドンバス」パンフレットの記事では、51ページでロズニツァの二つの映画アカデミーからの脱退に関して事実誤認をしている。
なお、英語で読めるこのときの批判の代表的なものとして、Vladislav Davidzon, ‘Turning Babi Yar Into Holocaust Disneyland,' in *Tablet*, 2020年5月26日がある。
https://www.tabletmag.com/sections/arts-letters/articles/dau-babyn-yar-khrzhanovsky

(24) ちなみに、ウクライナの人々の間では反ユダヤ主義的態度はほとんど見られないようである。2015〜2016年のロシアおよび東・南欧調査では、ユダヤ人を「同胞市民」として受け入れられないと答えた人の割合は、アルメニア32%、リトアニア23%、ルーマニア22%、ロシア14%であるのに対し、ウクライナは5%で、調査対象国中最も低い。David Masci, ‘Most

Poles accept Jews as fellow citizens and neighbors, but a minority do not,' in Pew Research Center HP（アメリカ、ワシントンにある調査機関)、2018年3月28日。
https://www.pewresearch.org/fact-tank/2018/03/28/most-poles-accept-jews-as-fellow-citizens-and-neighbors-but-a-minority-do-not/
　また、ゼレンスキーが大統領に選ばれた際、彼がユダヤ人であることを考慮していた人は少なかったという調査結果もある。ちなみにウクライナは、イスラエル以外で大統領と首相が両方ともユダヤ系である唯一の国である。Jadwiga Rogozá , 'Ukraine's disputes over the 80th anniversary of the Babi Yar massacre'.

（25） Anastasiya Osipova, 'Interview: Sergei Loznitsa on Babi Yar. Context,' in Film Comment, 2022年4月11日。
https://www.filmcomment.com/blog/interview-sergei-loznitsa-on-babi-yar-context/

（26）「炎のウクライナ」は、ドヴジェンコとユリヤ・ソルンツェヴァが監督した、1943年夏のハルキウの戦いを描いたドキュメンタリー。ハルキウは第二次大戦でくり返し戦場となった。「炎のウクライナ」で取り上げられたのは、1943年夏の、独ソ戦では最後の戦闘である。この戦いでの赤軍の勝利は、ソ連の反撃とウクライナ全土の「解放」に向けた決定的なものとなった。ソ連の新しい作戦術である縦深攻撃（トゥハチェフスキー元帥らが考案したもの。トゥハチェフスキーは「赤軍の至宝」と呼ばれた優れた軍人であったため、スターリンは赤軍改革に尽力した彼を粛清した）が奏功したとされる。縦深攻撃とは、火力と兵力をいくつもの縦ラインに重層的に投入することで成り立つ。ここで多種の軍事力が効果的に組み合わせられることが重要である。縦深とは、戦闘の前線に対しておよそ90度の角度で何本も長い縦線を引いたような攻撃態勢が作られることを意味する。縦長の強力な攻撃体制を維持して敵の背後の補給線までをも視野に入れて攻撃を加える縦深攻撃は、十分な戦力が集中的・連続的に投入されてはじめて意味をなす。この攻撃は敵の補給線を分断し退路を経って孤立させるため、成功すれば包囲戦となる。自軍にもかなりの損失が予想される攻撃だが、ソ連においては兵力の損耗は織り込み済みであった。小泉悠氏が言うように、ロシアでは人の命が軽いというのは、独ソ戦を思い起こせば納得せざるをえない。

（27） 'The Film Comment Podcast: Ukrainian Cinema,' 2022年3月15日における Anastasiya Osipova の発言。
https://www.filmcomment.com/blog/the-film-comment-podcast-ukrainian-cinema/

（28） Dieter Pohl, 'Hans Krueger and the Murder of the Jews in the Stanislawow

Region（Galicia）,' in *Yad Vashem Studies*, vol. 26, 1998, p.239-265 を参照。

（29） ibid., p.252、また野村真理『ガリツィアのユダヤ人』人文書院、2008 第二部を参照。

（30） Kateryna Iakovlenko, 'Director Sergei Loznitsa on the conflict in eastern Ukraine: "This is disintegration" '.

（31） たとえばアーテム・セイタブラエフ監督「ソルジャーズ：ヒーロー・ネヴァー・ダイ」（2017）。ここは日本語タイトルの良し悪しを議論する場ではないが、これは相当にひどい。英語タイトルは「サイボーグ：ヒーローズ・ネヴァー・ダイ」でどっちもどっちだが、「サイボーグ」と呼ばれた五人の兵士が主人公なので、一応内容に合っている（ウクライナ語タイトルは「サイボーグ」にあたることば）。主人公＝ヒーローたちの独白によって進行するこの映画は、ロズニツァの映画とはいろいろな意味で対照的な「愛国」映画だ。だが「何をもって愛国というのか」というロズニツァの問いは哲学的根源性を有しており、愛国映画を鼻で笑う前に真剣に考えてみるべきものだ。ある意味で、ロズニツァほど深く愛国的な映画を作りつづけている映画監督も珍しいのだから。「ソルジャーズ：ヒーロー・ネヴァー・ダイ」の受賞歴については、林峻「不興を買うセルゲイ・ロズニツァ新作『バビ・ヤール』―自国を代表する映画監督に怒るウクライナの現在」in IndieTokyo HP, 2022 年 5 月 20 日を参照。
http://indietokyo.com/?p=15590

（32） 'Ukrainian film-maker Sergei Loznitsa: 'Lies bring us to the catastrophe we are facing today' '.

（33） 'Spatializing History,' in BYHMC HP. https://researchen.babynyar.org

（34） Maksym Chornyi, 'Beyond Babi Yar: History in the Vicinity,' in War-Documentary, 2020 年 12 月 20 日を参照。
https://war-documentary.info/beyond-babi-yar/

（35） ロズニツァはこの映像について、「USSR におけるホロコースト事件を専門に研究する歴史家すら見たことがない」貴重なものだという。他に同様の資料価値がある映像として、戦後にキーウのカリーニン広場（現独立広場）で行われた、ナチ戦犯の公開処刑の映像を挙げている。「バビ・ヤール：コンテクスト」日本語版パンフレット、p.10.

（36） 'Holocaust in Kiev and the Tragedy of Babi Yar'. https://www.yadvashem.org/education/educational-materials/learning-environment/babi-yar/historical-background3.html#footnoteref2_fxy96e1

（37） T4 計画については、エルンスト・クレー、松下正明監訳『第三帝国と安楽死――生きるに値しない生命の抹殺』批評社、1999 を参照。

（38） 召集に応じず、市内で銃殺されたと思われるユダヤ人の遺体が路上に放置されている写真が、BYHMC 所蔵のヨハネス・ヘーレ（Johannes Hähle、

ドイツの従軍カメラマン）による写真コレクションのなかにある。また、ウクライナ語、ロシア語、ドイツ語で貼り出されたこのときの召集状は、Michal Berenbaum, *Witness to the Holocaust*, HarperCollins, 1997, p.135 に写真が掲載されている（「バビ・ヤール：コンテクスト」でも紹介されている）。

（39） これに対してロズニツァは、キーウのウクライナ人たちの側ではユダヤ人が「殺害されることを分かっていたと確信しています」と述べている。「バビ・ヤール：コンテクスト」日本語版パンフレット、p.11.

（40） いくつかの証言が「バビ・ヤール：コンテクスト」で観られるが、とりわけバビ・ヤール虐殺の生き残りであるディナ・プロニシェヴァのキーウの裁判での証言は驚くべきものである。この証言の内容は Yad Vashem（世界ホロコースト記憶センター）の HP でも読むことができる。
https://www.yadvashem.org/education/educational-materials/learning-environment/babi-yar/written-testimonies.html

（41） Peter Longerich, *Holocaust: The Nazi Persecution and Murder of the Jews*, Oxford University Press, 2010, p.194, また John-Paul Himka, 'The Lviv Pogrom of 1941: The Germans, Ukrainian Nationalists, and the Carnival Crowd,' in *Canadian Slavonic Papers*, Vol. 53, No. 2-3-4, 2011, p.209-243（https://www.academia.edu/3181252）を参照。ヒムカは父方がウクライナ人のカナダ＝アメリカの研究者。

（42） ' "It Took Never of Steel": Statement of Truck-Driver Höfer Describing the Murder of Jews at Babi Yar,' in Michael Berembaum, *Witness to the Holocaust*, p.138 を参照。

（43） John-Paul Himka, 'The Organization of Ukrainian Nationalists, the Ukrainian Police, and the Holocaust,'（Paper prepared for the Seventh Annual Danyliw Research Seminar on Contemporary Ukraine（20-22 October 2011）, p.22 を参照。
https://www.academia.edu/1071550/The_Organization_of_Ukrainian_Nationalists_the_Ukrainian_Police_and_the_Holocaust

（44） ティモシー・スナイダー『ブラッドランド―ヒトラーとスターリン 大虐殺の真実』（上）筑摩書房、2015、p.298-308 を参照。

（45） 同書、p .308.

（46） マルチン・ルター、I. B. プラナイティス、歴史修正研究所訳、太田龍解説『ユダヤ人と彼らの嘘／仮面を剥がされたタルムード』雷韻出版、2003, p14-78.「歴史修正研究所」（歴史見直し研究所）The Institute for Historial Review（IHR）は、1978 年にアメリカで、イギリス人とアメリカ人の極右団体構成員により設立された。ユダヤ人の絶滅計画とその実行はなかったと主張する団体。

ルターの『ユダヤ人と彼らの嘘』（1543）は、宗教教義に関する著書と

いうより、ユダヤ人への悪口と偏見を書き連ねたような内容である。「邪悪」「有害」「悪魔に取り憑かれた者たち」「裏切り者」「高利貸し」といった形容で、ユダヤ人を口を極めて罵っている。それでいて、彼らこそが私たちの死を望んでいるといった主張がなされ、被害者感情が強く表明されている。

同書に併録されている『仮面を剥がされたタルムード』の著者プラナイティスは、カトリックの司祭とのことである。原著は 1892 年、サンクトペテルブルクで出版された。プラナイティスはロシア革命後にボリシェヴィキに虐殺された。

(47) Martin Dean, *Collaboration during the Holocaust: Crimes of the Local Police in Belorussia and Ukraine, 1941-44*, NewYork: St.Martin's Press, 2000.

ロズニツァは、第二次大戦中の 600 万人のユダヤ人犠牲者のうち、300 万人は旧ソ連領内で殺害されたことを指摘している。そして、これまであまり語られなかったこの記憶に照明を当てるべきと考えている。'Masterclass with Sergei Loznitsa,' Tbilisi IFF, 2021.
https://www.facebook.com/TbilisiFilmFestival/videos/masterclass-with-sergei-loznitsa/430001842129207/

(48) Péter Apor et al., 'Post-World War II anti-Semitic pogroms in East and East Central Europe: collective violence and popular culture,' in *European Review of History: Revue européenne d'histoire*, Vol.26, 2019, p. 913-927. ハンガリーとスロヴァキアの 4 人の研究者による共同調査の報告であるこの論文に挙げられている事件は、気を滅入らせるものだ。1945 年末と 1946 年夏に、ポーランド、ハンガリー、スロヴァキア、ウクライナ、ロシア、ルーマニアでポグロムが発生した。最もよく知られているのはポーランドのキエルツェ（ワルシャワの南西 150 キロにある山沿いの街）で 1946 年 7 月 4 日に起きたポグロムで、42 人のユダヤ人が虐殺された（その後の裁判で、首謀者であった民兵や警察とは別の見物人が起訴され、9 名が即刻処刑された）。ロシアのルプツォフクス（カザフスタンとの国境付近の街）では、1945 年 7 月以降複数回のユダヤ人への暴力が発生した。キーウでも 1945 年 9 月にポグロムが発生した。これらのポグロムの多くは、ナチ支配から隠れたり収容所に入れられていたユダヤ人の帰還が現地の人たちにもたらした不安、ナチス占領期からの偏見によるものとされる（ポーランドでは戦後のソ連占領への反抗とも関係している）。戦後になって新たに生じたこうした暴力は、ユダヤ人を恐怖させるに十分で、イスラエルへの大量移住の引き金となった。

(49) エレム・クリモフ監督「炎 628」は、1985 年のソ連映画（日本公開は 1987 年）。1943 年にハティニ虐殺（149 名死亡）をはじめとしてベラルーシ（当時のソ連）の 628 の村々が焼き尽くされた事件を描いている。

実はハティニの虐殺を主導したのはキーウの警察補助隊118大隊で、部隊にはロシア人、ベラルーシ人も含まれていた。この事実はソ連当局にとって大変都合の悪いことだと思われ、1990年代まで知られていなかった。映画でも残虐非道な敵はドイツ兵として描かれている。虐殺の首謀者であったウクライナ人のフリホリー・ヴァシュラ Hryhoryi Vasiura という118大隊の小隊長は、1986年までソ連に潜伏したのちに裁判にかけられ処刑された（越野剛「ハティニ虐殺とベラルーシにおける戦争の記憶」京都大学地域研究統合情報センター『地域研究』第14巻2号（2014年3月)、p.79を参照)。ヴァシュラは元赤軍中尉で、1941年にドイツ軍の捕虜となった後、志願して警察補助隊に入隊した。この人物がバビ・ヤールの虐殺にも加担したという説があるが、1941年の虐殺については、ヴァシュラの118大隊への合流の前の時期にあたるので日付が合わない. 'Terror and Local Collaboration in Occupied Belarus: the Case of the Schutzmannschaft Battalion 118. I. background,' in *Historical Yearbook*（Romanian Academy "Nicolae Iorga" History Institute）, vol. VIII, 2011, p. 207–210を参照。
https://www.academia.edu/1211423/_Terror_and_Local_Collaboration_in_Occupied_Belarus_The_Case_of_Schutzmannschaft_Battalion_118._Part_I_Background_Nicolae_Iorga_Historical_Yearbook_Romanian_Academy_Bucharest_Vol._VIII_2011_195-214

（50） 東欧地域での処刑の痕跡を消す任務（Kommando 1005）の責任者であったパウル・ブローベル（SS特殊部隊4A司令官）による戦後の宣誓供述書が、*Witness to the Holocaust*, p.143-144にある。

（51） 生き残りの一人であるヴォルィーニ地方ジトーミル生まれのジェイコブ・ケイパーは、1941年のバビ・ヤールの虐殺から逃げ出して生き延び、のちにスィレツ強制収容所に入れられ、1943年に虐殺の遺体運びをさせられた際に脱走して再度生き延びた。Jacob Kaper, *Thorny Road*, in Web Genocide Documentation Centre HPを参照。
https://phdn.org/archives/www.ess.uwe.ac.uk/genocide/content.htm
　また、このときの遺体隠蔽に関するナチス特殊部隊員による証言の一覧は、http://www.deathcamps.org/occupation/bywitnesses.html にある。

（52） Maksym Chornyi, 'Syrets Concentration Camp in Kyiv,' in War-Documentary, 2021年2月6日。
https://war-documentary.info/syrets-concentration-camp/

（53） Shmuel Spector, 'Babi Yar,' in Israel Gutman et al. ed., *Encyclopedia of the Holocaust*, Yad Vashem, Sifriat Hapoalim, MacMillan, 1990, Vol.1.

（54） Maksym Chornyi, 'Syrets Concentration Camp in Kyiv'.

（55） 1936～1937年の大粛清時代には、スターリンは党内で反対分子となりうるあらゆる人間たちを対象として虐殺を行ったが、ユダヤ人が民族と

して特別に標的とされることはなかった。ただし、粛清された「元同志」には多くのユダヤ人が含まれていた。

スターリン時代末期における反ユダヤ主義とコスモポリタン批判との結びつきについては、多くの研究がある。たとえば Antonella Salomoni, 'State-Sponsored Anti-Semitism in Postwar USSR,' in Laura Brazzo and Guri Schwarz ed., *Jews in Europe after the Shoah. Studies and Research Perspectives*, 2010

https://www.quest-cdecjournal.it/state-sponsored-anti-semitism-in-postwar-ussr-studies-and-research-perspectives/,

さらに Konstantin Azadovskii, Boris Egorov, 'From Anti-Westernism to Anti-Semitism,' in *Journal of Cold War Stidies*, Vol.4, No.1, Winter 2002, p.66-80

https://sites.fas.harvard.edu/~hpcws/egorov.htm を挙げる。

当時は、ユダヤ人＝コスモポリタニズム＝反愛国主義というレッテルの下で、ソ連ナショナリズムと人種主義が結びつき、激しい弾圧の対象となった。だが表向きは反ユダヤ主義とは名指されず、「コスモポリタン」は暗にユダヤ人を指す便利な呼称として差別と弾圧の徴標であった。現在に至るまで、ロシアには帝政期からのユダヤ人蔑視の感情、イスラエル＝米国関係に根ざすシオニズム批判、そして旧ソ連国内の民族差別などがないまぜになった形で、ユダヤ人差別が根強く存在していると言われる（オレグ・エゴロフ「ユダヤ人にとってのソ連：なぜ「約束の地」ではなかったか」『ロシア・ビヨンド』2019年11月27日を参照。https://jp.rbth.com/history/82900-yudayajin-ni-totte-no-soren『ロシア・ビヨンド』は、ロシアの国営メディアの一つ）。

なお、雑誌コスモポリタンは1994年にロシア初の国際女性雑誌として発売されたが、最近、ザ・ヴォイスという名称に変更になった。これは今回の侵攻に伴い版元がロシアでのライセンスを失ったためである。

'Cosmopolitan no more: Russians feel sting of cultural and economic rift,' *The Guardian*, 2022年5月20日。

https://www.theguardian.com/world/2022/may/20/russians-feel-sting-of-cultural-and-economic-rift-sanctions-ukraine

（56） Joshua Rubenstein, Vladimir P. Maumov, ed., *Stalin's Secret Pogrom: The Postwar Inquisition of the Jewish Anti-Fascist Committee*, Yale University Press, 2001.

（57）『全体主義の起原 3　全体主義』p.204.

（58） 半谷史郎「ヴォルガ・ドイツ人の強制移住」北海道大学スラヴ研究所『スラヴ研究』第47号を参照。

https://src-h.slav.hokudai.ac.jp/publictn/47/hanya/hanya.html

（59）『全体主義の起原 3　全体主義』p.204.

（60） ロシアで根強いユダヤ人差別を感じ取っているロシアユダヤ人たちは、ウクライナ侵攻後に身の危険を感じて多くがロシアを後にした。'Ukraine war: Thousands of Jews quit Russia amid fears of persecution,' in BBC News HP, 2022 年 8 月 17 日。
https://www.bbc.com/news/world-europe-62564122

（61） 'Forward,' by Irving Louis Horowitz, in Ilya Ehrenburg and Vasily Grossman, *The Complete Black Book of Russian Jewry*, Routledge, 2002, p.v-xxii. また、'Black Book of Soviet Jewry, the,' in Shoah Resource Center HP.
https://www.yadvashem.org/odot_pdf/Microsoft%20Word%20-%206102.pdf

（62） 「トレブリンカの地獄」「ユダヤ人のいないウクライナ」『トレブリンカの地獄』（第 2 章註（35）参照）所収。齋藤紘一訳『人生と運命』1 〜 3、みすず書房、2012. ロズニツァは随所でグロスマンに言及している。グロスマンはジトーミル州ベルディチフのユダヤ人家庭に生まれ、母がポグロムで命を落とした。ベルディチフでもバビ・ヤールに似たポグロムがあったのだ。グロスマンが『人生と運命』で劇中の母から息子への手紙としているのは、実際にグロスマンの母が彼宛に出した手紙の一部である。ロズニツァはこの手紙を涙なくして読めないと言っている。母を収容所に差し出したのは NKVD でも警察でもなく、彼女の隣人たちだったのだ。ロズニツァはここにも、ウクライナ人の戦争協力の一端を見ている。
'Babi Yar. Context — Festival de Cannes'. https://cdn-media.festival-cannes.com/film-film/0002/66/6643a31b7146f133e86ecdb5e89c719f0e6b295a.pdf

（63） 吉松隆「ショスタコーヴィチ考〈バビ・ヤールをめぐって〉」月刊クラシック音楽探偵事務所、2006 年 10 月 10 日。
http://yoshim.cocolog-nifty.com/office/2006/10/post_deb3.html

（64） 'Babi Yar: Context, Live Q&A,' Chicago International Film Festival（interviewer Anthony Kaufman）,
https://www.youtube.com/watch?v=fIe4Nllrq8s

（65） https://babynyar.org./en/context 内の EPISODE R02/KERENIVKAMUDSLIDE. 理由は不明だが、劇場公開版および DVD 版（英語字幕）にはこの映像は収められていない。

（66） Dmytro Dzhulay, 'Babyn Yar's 'Revenge'? The Deadly Mudslide The KGB Tried To Cover Up,' in RadioFreeEurope RadioLiberty HP, 2021 年 3 月 16 日。
https://www.rferl.org/a/ukraine-kurenivka-1961-babyn-yar-mudslide-deaths/31151981.html

（67） 東浩紀は「悪の愚かさについて」『ゲンロン 10』（ゲンロン、2019、p.34-37）で、2019 年にバビ・ヤールを訪れたときのことを記している。それによると、虐殺をめぐる記念碑がそこここに建っているものの、谷全体は埋

め立てによって見事なまでに度重なる悲劇の痕跡が消し去られている。この文章で東は、バビ・ヤールをはじめとする戦時期の虐殺地について、その「場所性の消去」から説き起こしている。バビ・ヤールの歴史は、まさに場所性の消去とそれへの抵抗からなる。

また東は、日本でバビ・ヤールが知られるようになった契機として、アナトーリ・グズネツォフ、草鹿外吉訳『バービイ・ヤール』大光社、1967（原書1966）を挙げている。この作品は、奇しくもロズニツァがペレストロイカ後に衝撃とともに読んだと回顧しているものだ。池田嘉郎「歴史の重さを伝えるロズニツァのドキュメンタリー」「バビ・ヤール：コンテクスト」日本語版パンフレット、p.16.

第四章

（1）『全体主義の起原３』p.228.

（2） https://www.imdb.com/title/tt19193726/mediaviewer/rm3327006977/?ref_=tt_ov_i

（3） チェーカーを起源とする秘密警察組織の新設、名称の変遷と所属について、また2000年ごろのFSBの組織について、『ロシア闇の戦争』のp.13-17に一覧がある。

（4） リチャード・ディーコン、木村明生訳『ロシア秘密警察の歴史—イワン雷帝からゴルバチョフへ』心交社、1989、第12章を参照。ジェルジンスキーとトロツキーの確執は、トロツキーの失脚に大きな関わりがある。

イギリス、アメリカの諜報史研究に比して、ロシア諜報史はあまり研究されてきていない。第二次大戦後のロシアとアメリカの諜報合戦については、ティム・ワイナー、村上和久訳『米露諜報秘録1945-2020—冷戦からプーチンの謀略まで』白水社、2022を参照。

（5） Graham Fuller, ' 'Putin is just a frontman': Sergei Loznitsa, the Ukrainian film-maker who refuses to be cancelled,' in *The Guardian*, 2022年3月24日。https://www.theguardian.com/film/2022/mar/24/putin-is-just-the-frontman-sergei-loznitsa-the-ukrainian-film-maker-who-refuses-to-be-cancelled

（6） 名越健郎『独裁者プーチン』文春新書、2012, p.60-61.

（7） 小泉悠『現代ロシアの軍事戦略』p.60-61, p.73-75.

（8） カール・シュミット、新田邦夫訳『パルチザンの理論—政治的なものの概念についての中間所見』ちくま学芸文庫、1995．この論点については、重田園江「カール・シュミットの「アメリカ帝国」論」山下範久編『帝国論』講談社選書メチエ、2006、p.113-143を参照。

（9） 2022年5月から8月まで、東部に注力したロシアが優勢となった一つの理由は、軍による体制立て直しが行われたからだとされる。ロシアは

この局面で、無尽蔵に保有する旧型を含む爆弾を雨のように降らせ、ウクライナ軍を圧倒して徐々に前進した（戦況については、主に小泉悠氏と防衛省防衛研究所の高橋杉雄氏の分析による）。装甲車や火砲による砲撃中心のこうした戦い方はおよそ秘密警察的ではなく、独ソ戦における激突の再来のようだ。また、穴を掘って爆撃を避け、徐々に前進する戦い方は第一次大戦のようでもある。

（10）『全体主義の起原３』p.110, 194-195.

（11） もちろん、ウクライナ戦争でロシア軍が占領地で行ってきた残虐行為は、軍人たちによるものである。今後誰の命令で何が行われたのかが明らかになれば、ウクライナで戦争に携わったロシア軍に何が起きていたのかが分かってくるだろう。

（12） サイバー空間という以前は存在しなかった場所での戦争遂行は、ナチスドイツがその可能性を存分に利用したプロパガンダの延長ともいえる。だが、その影響力に対して費用が安く済むという点、少ない労力で世界中に情報をばらまける点では、ある種の新しさを含んでいる。廣瀬陽子『ハイブリッド戦争－ロシアの新しい国家戦略』講談社現代新書、2021を参照。また、小泉悠氏は、今回のロシア＝ウクライナ戦争は軍事力による衝突がメインであり、ハイブリッド戦争とは言えないとしている。石動竜仁「小泉悠さんインタビュー＃ 3」文春オンライン、2022年8月19日。
https://bunshun.jp/articles/-/56364

（13） 権謀術数、国家理性、クーデター、諸国家の競合、秘密政治などの概念が16～17世紀ヨーロッパでどのように展開したかについては、重田園江『統治の抗争史―フーコー講義1978-79』勁草書房、2018、第Ⅰ部を参照。また、近世から現代に至る秘密政治の系譜については、大竹弘二『公開性の根源―秘密政治の系譜学』太田出版、2018を参照。

（14）『ロシア秘密警察の歴史』p.62.

（15）『全体主義の起原３』p.205-206.

（16） ‘Holocaust in Kiev and the Tragedy of Babi Yar’.
「ウクライナ人たちはユダヤ人に強い敵意を抱いていました。なぜならユダヤ人がキーウの爆発に責任があると考えられていたからです。また、ユダヤ人はNKVDの情報屋やエージェントだと思われていました。NKVDはウクライナの人たちの恐怖の的でした」（Yitshak Arad, Yisrael Gutman, Abraham Margaliot, eds., *Documents on the Holocaust: Selected Sources on the Destruction of the Jews of Germany and Austria, Poland, and the Soviet Union*, Pergamon, 1987, p. 416からの引用）。

（17） 現在日本では、「東京裁判史観」＝自虐史観を否定する「新しい歴史」を支持する歴史修正主義がかなり広がっている。これは日本に限った現象ではない。ドイツでも欧米全体でも、ユダヤ人虐殺否定論などの歴史修正

主義がくすぶっていることは、よく知られている。

一方、ロシアが仕掛けたウクライナとの戦争をめぐっては、日本では専守防衛の見直しや核保有議論の解禁といった威勢のいい主張が目立つ。だが、連合国側による「勝者の裁き」を通じてであるとはいえ、ソ連が果たせなかったことを果たしたという観点からドイツと日本の戦後を捉えたらどう見えるだろう。この二国の戦後が、相対的に見て自由と幸福を人々にもたらしたことについて、ソ連およびロシアとの比較で考えてみることは、いまの世界と日本を考える上で意義深いはずだ。また、戦後日本の自由と幸福から切り離されてきた沖縄を考える上でも。

1945 年からの数年間、日本人が敗戦をどう受け止めたかについては、ジョン・ダワー、三浦陽一・高杉忠明・田代泰子訳『敗北を抱きしめて―第二次大戦後の日本人』(増補版)(上)(下)、岩波書店、2004 で描写されている。

(18) 厚生労働省政策レポート「シベリア抑留中死亡者に関する資料の調査について」
https://www.mhlw.go.jp/seisaku/2009/11/01.html

(19) 「グラーグ GULAG」は「収容所管理総局 Glavnoe Upravlenie Lagerei」の略称。はじめは所轄官庁の名称であったが、次第に労働収容所、刑事犯・政治犯収容所、女性・児童収容所、中継収容所など、ソ連内の強制収容施設すべてを指すようになった。さらには、強制収容所、流刑、強制移住などに付随する、逮捕、尋問、暖房なしの家畜用貨車での移送、強制労働、家族離散、長期流刑、非業の死などを含む幅広い用語となった。グラーグの起源も秘密警察と同じく帝政期に求められ、17 世紀にすでに類似の制度が見られる。アプルボーム『グラーグ』p.15 を参照。

(20) 「プーチンは皇帝か」朝日新聞 2022 年 7 月 5 日。シーシキンは 1961 年モスクワ生まれ。母がウクライナ人、父がロシア人。1995 年からスイス在住。

(21) 「ウクライナ・ブチャの市長が語った「虐殺の街」の本当の惨状」Friday Digital, 2022 年 5 月 16 日。
https://friday.kodansha.co.jp/article/243503

(22) ジョハル・ドゥダエフ(チェチェン語:ДудагӀеран МусанЖовхӀар, 1944-1996)は、チェチェン共和国、チェチェン・イチケリア共和国初代大統領。チェチェン・イングーシ自治共和国ペルヴォマイスコエ村出身。幼少期にカザフスタンに強制移住させられ、1957 年に帰還。第一次チェチェン戦争で戦死した。

(23) ラムザン・カディロフ(1976-)はチェチェン共和国大統領であったアフマト・カディロフの次男。父は元イスラム教指導者で独立派であったが、国内の宗派争いのなかでロシアに助力を乞い、自ら国を治めることと引き

換えにロシア内の自治共和国にとどまることを受け入れた。2004年に反対派に暗殺された。息子は私兵に近い護衛集団「カディロフツィ」を従えており、この軍隊はロシアの手先としてウクライナで危険任務に投入されている。カディロフが2016年から行っている「血の浄化」政策については、第5章註（34）を参照。

（24）　ヴィシンスキーの死因には諸説あるが、急な発作で死んだことはたしかなようだ。彼は死亡当時国連のソ連全権大使としてニューヨークに滞在しており、ソ連内で1953年にはじまったスターリン批判の嵐に晒されずにすんだ。他殺説もあるが分かっていない。ソ連で国葬が行われ、赤の広場に埋葬された。Arkady Vaksberg, Jan Butler（tr.）, *Stalin's Prosecutor: The Life of Andrei Vyshinsky*, Grove, 1991. 身の安全が危うくなったと考えての自殺、口封じのための他殺説がささやかれている。ソ連やロシアでは要人が、しばしば心臓発作で死ぬ。Daniel Johnson, 'Andrei Vyshinsky: the mystery of the death of the chief Prosecutor of the USSR,' in *Global News*, 2020年2月20日。
http://www.globaldomainsnews.com/andrei-vyshinsky-the-mystery-of-the-death-of-the-chief-prosecutor-of-the-ussr

（25）　ドストエフスキー、井桁貞義訳『やさしい女／白夜』講談社文芸文庫、2010.

（26）　ヴァシリナ・マコフツェワ。この人の出身地はシベリアのトゥルハンスクという小さな町で、長い間政治犯の流刑地として知られてきた。スターリンもここに流刑されたことがある。つまり演じる俳優が、映画の主人公が行く場所とゆかりある人物だということになる。

（27）「死と処女」は、1994年のロマン・ポランスキー監督の映画。独裁政権時に主人公が拷問を受けた国は伏せられているが、設定からチリと分かる。ついでに言うと、監督のポランスキーは子役への淫行で逮捕された後アメリカを脱出したが、現在もヨーロッパで映画を撮り、映画祭で賞を獲得している。ポランスキーによる性的虐待の告発は、のちに何人もの女優たちからなされている。

（28）「私は一度“殺された”」ウイグル族女性の証言、NHKニュースWeb、2021年11月16日。
https://www3.nhk.or.jp/news/html/20211116/k10013348651000.html

（29）　Jordan Hoffman, 'Ukraine's most famous director ostracized for unflinching film on Babyn Yar pogrom,' in *The Times of Israel*, 2022年3月29日。
https://www.timesofisrael.com/ukraines-most-famous-director-ostracized-for-unflinching-film-on-babyn-yar-pogrom/
　ロズニツァは映画「包囲」に関するレクチャーでも、死体をどのタイミングで何体見せるかについて同様の発言をしている。'Sergei Loznitsa's

Masterclass,' 2019年4月10日。
https://www.youtube.com/watch?v=3HWTbUnQI80

(30) Aleksei Balabanov(ロシア語:Алексей Октябринович Бала́банов, 1959-2013)はロシアの映画監督。「ブラザー」1・2の他、第二次チェチェン戦争を描いた「ウォー」(2002、日本語タイトル「チェチェン・ウォー」)など。「ブラザー」は、ソ連崩壊後の荒廃するサンクトペテルブルクが舞台の映画。チェチェン戦争から戻ってきた青年が、社会に受け入れられず暴力(殺人)で問題を解決しようとする(主演のセルゲイ・ボドロフ・Jrは、この映画でロシアを代表する俳優となったが、2002年の映画撮影中に氷河の崩落に巻き込まれて30歳で死亡した)。チェチェン人のゴロツキが街を支配する様子が印象深い。街のギャングたちは民族差別丸出しで、愛国主義的なセリフが多数出てくる。チェチェン人、ウクライナ人、ドイツ人、ユダヤ人、「黒人」に対する露骨な差別的言辞がつづく。ただし、バラバノフ監督が登場人物たちの価値観を肯定しているかは分からない。
なお、ロシアでは欧米による制裁以来、アメリカやヨーロッパの映画を上映できなくなった。そのため映画館でかける映画が不足しているらしい。新作の穴を埋めるために昔の映画も上映されており、2022年3月上旬には、ロシアの興行収入週間ランキングの10位以内に「ブラザー」「ブラザー2」が入ったという。梶山祐治「ロシア映画でウクライナ戦争を読む―「戦勝国の神話」に酔う人々と反権力の監督たち」週刊エコノミスト・オンライン、2022年6月14日。
https://weekly-economist.mainichi.jp/articles/20220608/se1/00m/020/001000d
「ブラザー2」については第五章註(43)の文献を参照。

(31) Katerniya Lacovlenko, 'Director Sergei Loznitsa on the conflict in eastern Ukraine: "This is disintegration".'

(32) Anastasiya Osipova, 'Interview: Sergei Loznitsa on *Babi Yar. Context*'.

(33) ちなみにロシアの映画館では「粛清裁判」「国葬」はこれまで上映されていない。「ドンバス」「マイダン」は上映禁止となっている。'Ukrainian director Sergei Loznitsa: 'Don't boycott Russian culture,' in Voxeurop HP, 2022年5月31日。
https://voxeurop.eu/en/ukrainian-director-sergei-loznitsa-dont-boycott-russian-culture/

(34) ネット検索したところ、この駅の待合室はいまではもっと広くてきれいになり、窓もちゃんとある。夜は美しくライトアップされているようだ。

(35) Ignatiy Vishnevetsky, 'Notebook Interview, Time Indefinite: A Talk with Sergei Loznitsa,' in MUBI, 2010年9月29日を参照。
https://mubi.com/notebook/posts/time-indefinite-a-talk-with-sergei-loznitsa

（36）「国民の僕」は、高校教師が周囲から押し上げられて大統領になり国政を改革する連続ドラマだ。ゼレンスキーはこのドラマの主演として人気を博し、これが大統領になるきっかけとなった。ドラマの製作プロダクションはゼレンスキー自身が立ち上げたもので、企画、製作、脚本にも関わっている。「国民の僕」は2016年に、アメリカのネットフリックスと放映契約を結んだ。ウクライナのドラマがアメリカに輸入されるのはほぼはじめてのことだった。長谷川朋子「ゼレンスキー「俳優時代の主演ドラマ」見るべき訳」東洋経済オンライン、2022年5月27日。
https://toyokeizai.net/articles/-/591905

（37）ロシア旧ソ連圏研究者の間では、これらの国々は「狭間の国家」と呼ばれている。これはウクライナ、ジョージア、モルドバのような国を指し、大国間でバランスを取る政策の舵取りを誤ると「大きな懲罰を受けてきた」（廣瀬陽子『ハイブリッド戦争』p.215）とされる。ロシアにとっては、今回の戦争もそうした「懲罰」の一つなのだろう。

（38）現在のロシアでは、「地政学」ということばが頻繁に使われているようだ。それは「勢力圏」という地政学的な発想や「主権」ということばの独特の用例とともに、ロシアの政治的発想（「政治思想」と呼ぶことが憚られるような、道具的かつ秘密政治的な発想である）の中心を形づくっている。しかしこれはソ連崩壊後のことで、ナチスとの結びつきが強いと考えられていた地政学は、ソ連時代には忌み嫌われていたという。小泉悠『「帝国」ロシアの地政学—「勢力圏」で読むユーラシア戦略』東京堂出版、2019を参照。

（39）「ヤヌコビッチ大統領の私邸公開、豪華な暮らしぶりが明らかに」AFP、2014年2月23日
https://www.afpbb.com/articles/-/3009152

（40）ゴルバチョフの軟禁について、リトアニア元大統領のランズベルギスは映画「ミスター・ランズベルギス」で、クーデターを起こした保守派とゴルバチョフの間であらかじめ密約が交わされていたと推測している。たしかにゴルバチョフ自身が待ち望んでいた新連邦条約調印の前日に、クリミアの別荘に滞在しているのは不自然である。

（41）サプチャークは1996年の市長選で敗北後、プーチンの大統領選出を支援した。プーチンはレニングラード大学法学部での教え子である。サプチャークは2000年にカリーニングラードで心臓発作で死去した。死因には疑念があり、プーチンを「法治国家」の側へと引き寄せかねないサプチャークの影響を嫌ったKGB保守派による毒殺との見方が根強い。元大統領メドベージェフもサプチャークの教え子である。そう考えるとこの暗殺もロシアの分岐点の一つで、KGBが民主化の芽を暴力によって摘んだ出来事である。‘15 Years Later, Questions Remain about Death of The Man

Who Made Putin,' in RadioFreeEurope RadioLiberty, 2015 年 2 月 24 日。
https://www.rferl.org/a/question-remain-about-death-of-man-who-made-putin/26867539.html

(42) ソ連時代から、重要な政治家の死や政権によくないことが起きた際「白鳥の湖」が放映されてきたという。2022 年 3 月 4 日、数少ない独立系 TV 局「ドシチ」が、ロシア政府の圧力で配信を停止した。YouTube での最後の生配信でスタッフ全員が自ら辞職を表明し、最高責任者およびスタッフが「戦争反対」と述べた後、「白鳥の湖」が流され、放送終了となった。「放送停止のロシアのテレビ、なぜ最後に「白鳥の湖」？　ウクライナ侵攻めぐり規制強化」朝日新聞 GLOBE ＋ 2022 年 3 月 10 日。
https://globe.asahi.com/article/14568707

(43)「秘密警察的なもの」に何が対峙するのか。それを如実に語るのが、「ミスター・ランズベルギス」である。4 時間超のこの長編でロズニツァは、リトアニア独立がほぼ無血で行われたわけではないことをはっきりと示した。最高会議議長ランズベルギスをはじめ、独立派サユディスとその支持者は、一度は死を覚悟している。独立に至るまでのソ連とゴルバチョフのやり口とそれへの抵抗は、現在のウクライナに重なるものである。日本公開前のこの作品を、サニーフィルムの有田浩介氏のご好意で視聴することができた。

(44) 2020 年のプーチンの演説。小泉悠『現代ロシアの軍事戦略』p.102 を参照。

(45) 石川一洋「ソビエトクーデター未遂事件 30 年―その意義とロシアの民主主義」2021 年 8 月 20 日。
https://www.nhk.or.jp/kaisetsu-blog/100/453375.html

第五章

(1) タラス・シェフチェンコ（ウクライナ語：Тара́с Григо́рович Шевче́нко, 1814-1861）はウクライナ語で書かれた近代文学のはじまりとされる国民的詩人・画家。解放農奴となったが、ツァーリによって抑圧を受け、10 年間流刑に処された。その後一度ウクライナに戻るが再び逮捕され、サンクトペテルブルクで客死した。日本語訳は藤井悦子訳『シェフチェンコ詩集』岩波文庫、2022、p.188 より。

この作品は「コブザール」という詩集に収録されていた。コブザールはコブザという弦楽器を奏でる吟遊詩人で、日本の琵琶法師のような存在。

(2) セルゲイ・ロズニツァ、Facebook への投稿。
https://www.facebook.com/permalink.php?story_fbid=5096391293753388&id=100001477031319

Facebook には英語とウクライナ語の対訳が掲げられている。

(3) 'An Open Letter from Sergei Loznitsa on his Expulsion from the Ukrainian Film Academy,' in e-flux Notes HP, 2022 年 3 月 19 日。
https://www.e-flux.com/notes/456681/an-open-letter-from-sergei-loznitsa-on-his-expulsion-from-the-ukrainian-film-academy

(4) 'An Open Letter from Sergei Loznitsa on his Expulsion from the Ukrainian Film Academy'. 日本の安倍晋三元首相は、在任中にロシアを 11 回訪問し、プーチン大統領と 27 回会談したとされる。経済協力を「交渉カード」として、北方領土問題を解決に向けて前進させようとする試みだったが、結局領土問題について実質的な成果は何も得られなかった。

(5) これらの件に関しては、重田園江「少数者・異端者を脅かす戦時に　芸術は真理知る種をまく」朝日新聞（政治季評）2022 年 5 月 19 日（https://www.asahi.com/articles/DA3S15298306.html）で手短に論点整理をした。

(6) 'Annulation du festival 2022,' in Festival Univerciné HP.
https://russe.univercine-nantes.org/annulation-du-festival-2022/

(7) 'An Open Letter from Sergei Loznitsa on his Expulsion from the Ukrainian Film Academy'.

(8) 同上。

(9) Thimothy Snyder, 'The War in Ukraine Has Unleashed a New Word,' in *The New York Times Magazine*, 2022 年 4 月 22 日。
https://www.nytimes.com/2022/04/22/magazine/ruscism-ukraine-russia-war.html

(10) 第 3 章註（18）の文献を参照。そこでは反共産化を共産主義の言論統制と同じ手法で行うことの奇妙さが批判されていた。

(11) 'An Open Letter from Sergei Loznitsa on his Expulsion from the Ukrainian Film Academy'.

(12) マリー・ルイーズ・クノット編、細見和之他訳『アーレント＝ショーレム往復書簡』岩波書店、2019、p.377（書簡 133）。

(13) Alexander Yefymovych Rodnyansky（ウクライナ語 Олекса́ндр Юхи́мович Родня́нський, 1961- ）。

(14) 次の動画でロドニャンスキー自身が顛末を語っている（英語、日本語字幕）。
https://www.youtube.com/watch?v=9xs7fKG5qlg

(15) 'Ukraine-Born Producer Alexander Rodnyansky Responds After Russia's Defense Minister Demands His Work Be Removed From "Cultural Agenda",' in Deadline HP, 2022 年 3 月 17 日。
https://deadline.com/2022/03/russia-defense-minister-demands-work-ukraine-born-producer-alexander-rodnyansky-removed-cultural-agenda-1234981620/

(16) アンドレイ・ズビャギンツェフはロシアの映画監督。「父、帰る」（2003）

でヴェネチア映画祭金獅子賞、「裁かれるは善人のみ」（2014）でゴールデングローブ賞外国語映画賞。カンテミール・バラーゴフとキラ・コヴァレンコについては、註（19）を参照。

（17） 'Ukraine-Born Producer Alexander Rodnyansky Responds After Russia's Defense Minister Demands His Work Be Removed From "Cultural Agenda" '.

（18） Svetlana Alexievich（ベラルーシ語：Святлáна Аляксáндраўна Алексіéвіч, 1948- ）はウクライナ人の母とベラルーシ人の父を持ち、ウクライナに生まれた。幼少期にベラルーシに移住。2020年からはドイツ在住。ロシアやベラルーシに対して明確な反戦、反独裁の姿勢を示し、ルカシェンコ政権と対立してきた。*У войны не женское лицо*, Minsk: Mastatskaya litaratura, 1984（三浦みどり訳『戦争は女の顔をしていない』岩波現代文庫、2016、小梅けいとによる同名のコミックが日本で話題となっている）。他にチェルノブイリ原発事故の遺族などに取材した、『チェルノブイリの祈り』（1997）で知られる。ロシアの侵攻がはじまった後のNHKによるインタビューでは、「自分がベラルーシ人だということを恥ずかしく思うのははじめて」だと、つらさを表現している。

また、ロシアとプーチンについて、次の興味深い認識を示している。「70年余り、ソビエト時代の思想の下で暮らし、その思想に何百万人もの人々を放り込み、残ったのは集団墓地と血の海だけだったとしたら、そんなにすぐに変わることはできません。どこからか美しい家やすばらしい思想や立派な工場を持ってくることなどできません。それは無理です。そのためには時間〔を〕かけて準備し、真剣に取り組まなければなりません。強い艦隊や新型の爆撃機、それに新型の戦車などを使うのは、最も原始的で時代遅れなやり方です。つまり、彼〔プーチン〕は未来へと進めなかった人間なのです。彼が私たちを連れて行こうとする先は彼が理解できる場所、つまり過去なのです」「"団結しなければ、せん滅させられる"ノーベル賞作家の訴え」NHK Web特集2022年3月18日。
https://www3.nhk.or.jp/news/html/20220318/k10013534191000.html

（19） カバルダ・バルカルは北カフカス地方にあるロシアの共和国の一つで、近くにはチェチェン共和国もある。バラーゴフはチェルケス人の家系で、この民族は18〜19世紀にロシア帝国との101年にわたる戦争で民族浄化に遭い、人口の90％以上が殺されるか国外に追放された。生き残りの多くはトルコ（当時のオスマン帝国）に逃れた。北カフカス地方（現ロシア領）、南カフカス地方（現独立国家）においてロシアが2000年代に採ってきた政策については、廣瀬陽子『旧ソ連地域と紛争―石油・民族・テロをめぐる地政学』慶應義塾大学出版会、2005、『コーカサス―国際関係の十字路』集英社新書、2008を参照。

バラーゴフは今回のウクライナ侵攻に抗議して、パートナーの映画監

督キラ・コヴァレンコとともにロシアを離れ、アメリカに渡った。現在は二人ともロサンゼルスで映画制作を行っている。キラ・コヴァレンコは「UNCLENCHING THE FISTS」（2021）でカンヌ映画祭「ある視点」部門グランプリを受賞した。バラーゴフと同じナリチク出身。二人はともに、ロシアが誇る映画監督アレクサンドル・ソクーロフ（1951- 、日本では天皇裕仁をイッセー尾形が演じた「太陽」（2006）で知られる）が、カバルダ・バルカルにある国立大学で開いた著名なワークショップの出身である。'Russian Directors Kira Kovalenko and Kantemir Balagov Discuss Fleeing the Country, Call Putin a 'Butcher',' in IndieWire HP, 2022 年 6 月 14 日。
https://www.indiewire.com/2022/06/kira-kovalenko-kantemir-balagov-russia-telluride-guest-directors-1234733622/

（20） 息子のロドニャンスキーのツイッターによると、一家は六代にわたるキーウ市民である。彼はプリンストン大学で経済学博士号を取得した、マクロ経済学と財政の専門家である。Twitter: @arodnyansky

（21） 'Ukraine-Born Producer Alexander Rodnyansky Responds After Russia's Defense Minister Demands His Work Be Removed From "Cultural Agenda" '.

（22） ロシア語なので数字以外全く読めないが、「クロニクルズ・レポート」冒頭にある右側のグラフを参照。
https://www.chronicles.report/chapter1

（23） Denis Ivanov（ウクライナ語：Іванов Денис Віталійович, 1978- ）はドネツク国立大学出身で、現在はアートハウス・トラフィックというウクライナ初のアート系映画の配給・製作会社を運営している。イワノフの近況は、
https://www.arte.tv/en/videos/108096-011-A/ukraine-notspeechless-denis-ivanov/
に動画で報告されている（英語）。

（24） クラマトルスクは 4 月 8 日、鉄道駅に弾道ミサイル攻撃が行われ、避難のための列車を待っていた子ども 7 人を含む民間人 60 人が死亡、100 人以上が負傷した事件があった街である。この街はその後もロシアの激しい攻撃で破壊され、市民は避難して無人に近いとされる（2022年4月20日、AP）。その後東部の戦線は膠着状態に陥ったが、2022 年 10 月現在、クラマトルスクは一度もロシア側に奪われないままウクライナ側が維持している（ISW 戦争研究所 HP を参照）。

（25） 日本で最も有名なオリガルヒであるアブラモーヴィチは、長きにわたってイングランドのフットボールチーム、チェルシーのオーナーであった。ロシアマネーの象徴として世界から反発を受けたが、チェルシーは豊富な資金で世界から著名選手や監督を集め、強豪チームとなった。アブラモーヴィチは 2019 年、1 億ドルをかけて映画基金 KINOPRIME を設立。ロ

シア国家映画基金のアントン・マリシェフをCEOに迎えて、ロシア映画の国際的価値を高める目的で資金援助を行ってきた。

(26) 「ふだんどおりのビジネス business as usual」は、このあと紹介するヴァレンティン・ヴァシャノヴィチによる2012年のフィクション映画のタイトル。

(27) 'Ukrainian producer Denis Ivanov sends an open letter about the boycott of Russian cinema and culture,' in Cineuropa HP, 2022年3月3日。
https://cineuropa.org/newsdetail/422666/

(28) Crimea is Ours(Krymnash)は、クリミア侵攻時に用いられたスローガン。ロシアの公式見解では、クリミアはロシアに併合されたのではなく、マジョリティであるロシア系住民による自発的なウクライナからの独立をロシア軍が手助けしただけ、ということになっている。ウクライナのウェブメディア、ユーロマイダン・プレスは、ロシアの歴史家アルカディ・ポポフがYezhednevny zhurnalに投稿した記事を引用し、Krymnashが掲げる8つの主張を「神話」だとして批判している。'None of 8 myths in Putin's 'Crimea is Ours' ideology stands up to close examination, Popov says,' in Euromaidan Press HP, 2015年7月29日。
https://euromaidanpress.com/2015/07/29/none-of-8-myths-in-putins-crimea-is-ours-ideology-stands-up-to-close-examination-popov-says/

Yezhednevny zhurnalはロシアの独立系ウェブメディアで、チェチェン紛争、クリミア併合に反対する論説を発表してきた。ロシアにはこのような小さな独立反体制メディアが数多く存在したが、プーチン体制下で弾圧が強まり、最後に残っていたいくつかのメディアも、ウクライナ侵攻後の法改正で、ロシア国内ではすべて閉鎖に追い込まれた。

(29) 'Ukrainian producer Denis Ivanov sends an open letter about the boycott of Russian cinema and culture'.

(30) 同上。

(31) 同上。

(32) Oleg Gennadyevich Sentsov(ウクライナ語 Олег Геннадійович Сенцов/ロシア語 Олег Генадиевич Сенцов, 1976-)。

(33) センツォフは2013〜2014年のマイダン革命に参加するため、予定していた次作映画「ライノ」の撮影を延期していたが、クリミア併合後に逮捕・収監された。ヤマロ・ネネツ自治管区の刑務所収監中の尋問では、マイダン革命の関係者、とくに現キーウ市長のヴィタリ・クリチコ(第3章註(14)を参照)についての情報を提供するなら減刑すると持ちかけられたようだ。センツォフは密告の代わりに、政治犯収監に抗するハンストを行った。この刑務所が位置するヤマロ・ネネツ自治管区は半分が北極圏に位置する極寒の地で、天然ガスと石油が主な産業である。センツォフは30キロ体重

が落ちて命の危険が生じたため、強制給餌を受けてハンストを断念した。

(34) この映画の監督であるアスコルド・クーロフは1974年、ウズベキスタン生まれ。他の監督作に、2011年のロシア反政府運動のドキュメンタリー「WINTER, GO AWAY」(2012)、ロシアのLGBTQの現状を撮った「CHILDREN 404」(2014)、ノーベル平和賞を受賞したノーヴァヤ・ガゼータを取材した「NOVAYA」(2018)などがある。最近では、プロデューサー兼撮影監督として、チェチェンにおけるLGBTQ抑圧を取材した「チェチェンへようこそ―ゲイの粛清」(2020)にも参加している。この映画は、チェチェン国内で同性愛が殲滅と粛清の対象となり、当事者は政府に処刑されるだけでなく家族からも迫害され、つねに命の危険に晒されているという現状を描いている。これは2016年、カディロフがはじめた「血の浄化」政策のためである。この映画は、2022年2月のロシア侵攻直後の26日に日本で公開された。

クーロフの経歴は、どう考えても筋金入りの反体制映画作家である。彼はウクライナ侵攻後にロシアを脱出した。

(35) 'Film fest to frontline: Ukrainian filmmaker Oleg Sentsov,' in France24 HP, 2022年7月13日。
https://www.france24.com/en/live-news/20220713-film-fest-to-frontline-ukrainian-filmmaker-oleg-sentsov

(36) 'Ukrainian filmmaker Oleg Sentsov says fighting 'not like movies',' in Aljazeera HP, 2022年3月23日。
https://www.aljazeera.com/news/2022/3/23/ukrainian-filmmaker-says-fighting-not-like-the-movies

(37) 同上。

(38) 'Ukrainian Director Oleg Sentsov Speaks Out From Front Lines Of War: "Russian Bombs Are Falling On Children",' in Deadline HP, 2022年3月3日。

(39) Valentyn Vasyanovych(ウクライナ語:Валентин Николаевич Васянович, 1971-)。ヴァシャノヴィチをはじめとするロシア映画ボイコット賛同者の共同声明は、'Ukrainian Filmmakers Give Their Accounts From The War & Urge World To Boycott Russian Culture,' in Deadline HP, 2022年3月7日。
https://deadline.com/2022/03/ukrainian-filmmakers-give-accounts-from-war-urge-world-to-boycott-russian-culture-1234972510/

(40) 2022年3月15日のロイター記事およびツイッター動画による。
https://www.reuters.com/world/europe/ukrainian-director-vasyanovych-turns-camera-document-war-2022-03-15/
https://twitter.com/Reuters/status/1503882486463356928

(41) 英語版サイト https://docudays.ua/eng/

(42) 'Ukrainian Filmmakers Give Their Accounts From The War & Urge World

To Boycott Russian Culture'. バラバノフ映画の上映については、第 4 章註（30）を参照。

（43） 梶山祐治「新生ロシアの年代記作家として撮る―アレクセイ・バラバーノフのフィルモグラフィ考察」『スラヴ文化研究』第 15 巻（2017）、p.2 を参照。

https://www.mod.go.jp/msdf/navcol/assets/pdf/ssg2022_06_03.pdf

（44） クリミア侵攻時にウクライナ軍がほとんど抵抗もできずにロシアに屈服したのは、「ハイブリッド戦争」の成果の一つであると言われる。現在はウクライナに攻め込むロシア海軍の拠点となっている。稲垣芳朗「2014 年クリミア併合過程におけるハイブリッド戦の考察―なぜロシアは短期間でクリミアを併合できたのか」『海幹校戦略研究』第 12 巻 1 号（2022 年 6 月）、p.26-49 を参照。

（45） Zakhar Prilepin（ロシア語：Евге́ний Никола́евич Приле́пин, 1975- ）。

（46） 'Ukrainian Filmmakers Give Their Accounts From The War & Urge World To Boycott Russian Culture'.

（47） Nariman Aliev（ウクライナ語：Наріман Рідьва́нович Алі́єв, 1992- ）は、ウクライナの映画監督・脚本家。「HOMEWARD」（2019、クリミア・タタール語のローマ字表記では Evge）が、カンヌ国際映画祭「ある視点」部門に出品された。

（48） Maryna Er Gorbach（ウクライナ語：Марина Ер Горбач, 1981- ）はウクライナ、キーウ生まれの映画監督。夫で共同制作を行ってきたメフメト・バハドゥル・エル Mehmet Bahadir Er はトルコの映画監督。「クロンダイク」はサンダンス映画祭最優秀監督賞、ベルリン映画祭エキュメニカル審査員賞を受賞した。

（49） ヨーロッパの多くの国が参加する各国代表歌合戦番組「ユーロヴィジョン」2016 年の優勝曲はウクライナの「1944」で、これは 1944 年のクリミア・タタール人の強制移住が題材となっている。この曲を歌ったクリミア・タタール人の歌手ジャマラは、祖母と母が中央アジアへの強制移住の対象となった。当時祖父は赤軍の戦闘員であったため、家族を守ることができなかったという。クリミア・タタール人の苦難の歴史と 2014 年以降について、Brian Glyn Williams, 'Why Crimean Tatars are fearful as Russia invades Ukraine,' in *The Convesation*, 2022 年 3 月 17 日。

https://theconversation.com/why-crimean-tatars-are-fearful-as-russia-invades-ukraine-178396

（50） 撃墜事件そのものの被告は、FSB のギルキン元大佐、GRU 職員ドゥビンスキー、GRU 特別部隊元兵士プラトフ、ウクライナ東部の反政府戦闘員ハルチェンコ。ハルチェンコ以外はロシア人で、すべて秘密警察の関係者である。BBC News, 2019 年 11 月 14 日。

https://www.bbc.com/news/world-europe-50419669
ギルキンはチェチェン、ドンバス、クリミアなどで暗躍したが、2022年10月にロシア軍に召集されたとの報道があった。

(51) 今回の侵攻前の佐藤によるクリミア認識は、「ウクライナ人とロシア人の関係史の構造的変化」(2021年12月30日)
https://mainichi.jp/premier/politics/articles/20211227/pol/00m/010/016000c
2022年3月7日時点における戦争の終結と戦後の予測は、「『プーチンの精神状態は異常』という報道は、西側が情報戦で負けている証拠である―相手の内在的論理がわからなければ、対抗手段もわからない」
https://president.jp/articles/-/55331?page=2
今回の侵攻のかなり前から、伝聞や映像に基づく「印象」を日本のメディアで流布する佐藤のやり方には、ウクライナをよく知る研究者から疑問の声があった。岡部芳彦「ウクライナ民族主義の現状―スヴォボーダとコサック団体の事例を中心に」『神戸学院経済学論集』第47巻1・2号(2015年9月)、p.119を参照。

終章

(1) この共振の例として、ミヒャエル・ハネケ監督「セヴンス・コンチネント」(1989)、スティーヴン・ソダーバーグ監督「セックスと嘘とビデオテープ」(1989)を挙げることができる。1989年に二人の映画監督が抱いていた不幸の予感は、冷戦の終わりの着地点がウクライナ戦争だったと考えると、たしかに時代を先読みしている。映画作家の時代感覚とはすごいものだ。

(2) 現在では、アイヒマンは命令に従っただけの小役人ではなく、人種殲滅の正当性と反ユダヤ主義を戦後も信じつづけた筋金入りのナチス信者だったとの評価がなされている(ベッティーナ・シュタングネト、香月恵理訳『エルサレム〈以前〉のアイヒマン―大量殺戮者の平穏な生活』みすず書房、2021(原著、2011)を参照)。アイヒマンの裁判での様子は、エイアル・シヴァン監督「スペシャリスト―自覚なき殺戮者」(1999)で観ることができる。この映画自体はアーカイヴフィルムの編集によるドキュメンタリーだが、日本公開当時は「悪の凡庸さ」というアーレントの解釈に則った解説がなされ、映画HPでは現在もそのまま公開されている。
ミヒャエル・プレザン監督「実録　アイヒマン裁判 The Trial of Adolf Eichmann」(2011)(https://www.youtube.com/watch?v=QB71T402Yh0)は、現在見られる資料や戦後の証言を元にユダヤ人虐殺の実態やアイヒマンの生涯がたどられ、彼の際立った思想と「非凡さ」に焦点が当てられている(2015年にBS世界のドキュメンタリーで放送された)。

ただし、雄弁家で冷徹な人種差別主義者であってただの小役人ではないことと、その悪が凡庸かどうかは別の話とも言える。

（3）『アーレント＝ショーレム往復書簡』p.382（書簡 133）.
（4） ハンナ・アーレント、大島通義・大島かおり訳『全体主義の起原 2　帝国主義』（新装版）みすず書房、1981.
（5） FSB の元大佐ヴァディム・ジミンは、エリツィン時代からこのカバンを持つ栄誉ある役割を担ったが、その後収賄の疑いで自宅軟禁となっていた。この人物が 2022 年 6 月に、自宅で銃撃によって瀕死で発見された。またしても自殺か他殺か不明とされる。'Man who carried Vladimir Putin's nuclear controls briefcase found shot at his home,' in *Mirror*, 2022 年 6 月 22 日。
https://www.mirror.co.uk/news/world-news/man-who-carried-vladimir-putins-27296967
（6） 国際平和拠点ひろしま「世界の核兵器保有数」によると、2021 年 1 月時点の配備核弾頭はアメリカが 1 位、保有核弾頭全体ではロシアが 1 位。この二国で世界全体の 9 割以上の核兵器を保有している。
（7） ウクライナで応援歌まで作られ、リトアニアとポーランドの市民がウクライナへの寄贈活動を行った人気のバイラクタル TB-2 は、戦争初期には大きな役割を果たしたようだが、その後ドローンの活躍の報道は減っている。ドローンにもいろいろな種類があり、一概に評価はできない。だが一つには、ロシアが電波妨害システムを改良し、ウクライナのドローンを制御不能にしたり墜落させる頻度が増していることも関係しているようである。ドローンの有効性の評価については、JSF「ドローンはゲームチェンジャーではなく、バイラクタル TB2 は銀の弾丸ではない」Yahoo! ニュース 2022 年 6 月 10 日を参照。
https://news.yahoo.co.jp/byline/obiekt/20220610-00300147
（8） 現代の戦争は、①いわゆる「ハイブリッド」な情報戦やイメージ・イデオロギー戦略、また諜報・監視の側面、②軍事的なドクトリンや作戦、戦術、兵器の使用や兵站などの軍事戦略上の側面、③戦闘での犠牲や捕虜収容所での拷問や死などの物理的な身体への攻撃の三つが混ざり合って展開しているように思われる。これらを一体で捉えることの難しさが、戦争報道に接する際の視聴者側の戸惑いのもとにもなっているのだろう。
（9） David Chkhikvishsili, 'The underground networks of Russians helping Ukrainian refugees,' in Reuters, 2022 年 5 月 11 日
https://www.reuters.com/world/europe/underground-networks-russians-helping-ukrainian-refugees-2022-05-11/
（10） 2022 年 3 月に地区議会で戦争に批判的な発言をして逮捕されたモスクワ区議は、7 月 8 日に禁錮 7 年の刑を言い渡された。「ウクライナ侵攻に批判的発言 モスクワ区議に禁錮 7 年の実刑判決」NHK ニュースウェブ、2022 年 7 月 10 日。

https://www3.nhk.or.jp/news/html/20220710/k10013710391000.html

（11） ‘Russian Academics Aim to Punish Colleagues Who Backed Ukraine Invasion,’ in *New York Times*, 2022 年 5 月 28 日。
https://www.nytimes.com/2022/05/27/science/russia-ukraine-science-academy.html

（12） ベンヤミンは国境地点のポルボウ（ポルトボウ）の街で警察に見つかって服毒自殺したとされるが、それについての疑義も提起されている。デイヴィッド・マウアスによるドキュメンタリー ‘Who killed Walter Benjamin?’（2005） https://www.youtube.com/watch?v=6S3iT2iwDOQ（カタルーニャ語、英語字幕）。

付

（1） アウディーイウカはウクライナ東部ドネツク州の都市で、侵攻前の人口は約 3 万 5000 人。ドネツク市の北 10km に位置し、2022 年 10 月現在、ドンバスの激戦地の一つである。3 月末以降、焼夷弾が何度か投下された（特定通常兵器使用禁止制限条約違反）。ドンバスとクラマトルスクを結ぶ幹線道路上にある軍事上の重要地点。4 月以降激しい砲撃がつづき、街のほとんどが破壊され尽くしたと考えられる。日本語の最も詳しいウクライナ戦況日報チャンネル「真・防衛研究チャンネル」でも連日名前が上がる、まさに最前線である。

ウクライナ基本情報

本書を読む上で背景知識として役立つ次の情報を、「基本情報」として記しておく。

ウクライナ全体の人口は、2022年2月時点で4113万人（クリミアを除く。ウクライナ政府統計）。民族構成はウクライナ系77.5%、ロシア系17.2%、ルーマニア・モルドバ系1.1%、ベラルーシ系0.6%、クリミア・タタール系0.5%、ユダヤ系0.2%など（2001年ウクライナ国家統計局による人口統計）。

ロシア語を仕事でよく使う人は2750万人、人口の80%に当たる3700万人が流暢に話せるという(1)。

2001年にウクライナ独立後はじめて行われた国勢調査、および中井和夫『ウクライナ・ナショナリズム』、〆木裕子『ウクライナにおける「リードナ・モーヴァ」概念とその解釈』などを参考に、ウクライナの地域区分を示しておく(2)。なお、「母語」と訳される「リードナ・モーヴァ」自体、ウクライナでは一筋縄ではいかない。旧ソ連時代との関連もあり、母語に関連するカテゴリーとして「基幹民族語」「国家語」「母語」「地域語」などのさまざまな言語定義が出てきてしまう。その上、法律、言語政策、マスメディアそれぞれで、「リードナ・モーヴァ」の用語法が微妙にずれている。また国勢調査などによると、地域によっては日常的に使用する言語、最もうまく喋れる言語、教育を受けた言語、ビジネスに用いる言語、読書時の言語、そしてメールの際に用いる言語が人によって異なるという複雑な事態が生じている。

スロビツカ・ウクライナ、ドン地域

ドン川、アゾフ海北岸の地。ドンバス地方（ドネツク州、ルハンスク州）、

(1) David Marples, 'Ethnic and Social Composition of Ukraine's Regions and Voting Patterns,' *A Global MBA in Asia*, 2015年3月10日。https://www.e-ir.info/2015/03/10/ethnic-and-social-composition-of-ukraines-regions-and-voting-patterns/

(2) ウクライナ国勢調査HP（英語版）http://www.ukrcensus.gov.ua/eng/
中井和夫『ウクライナ・ナショナリズム－独立のディレンマ』東京大学出版会、1998. 〆木裕子『ウクライナにおける「リードナ・モーヴァ」概念とその解釈』大阪大学大学院言語文化研究科学位論文 (2014年7月24日)
https://ir.library.osaka-u.ac.jp/repo/ouka/all/50576/27064_論文.pdf

ハルキウを含む地域。早くからロシア人・ウクライナ人の植民地域で、ロシア語話者が多い。2014年の親ロシア派分離紛争以来戦闘がつづいており、現在のロシア＝ウクライナ間の激戦地である。ロズニツァの「ドンバス」の舞台となった。

ロシアが今回のウクライナ侵攻で傀儡政権の大統領として復帰を画策したとされるヤヌコーヴィチ元大統領は、ドネツク地方出身である[(3)]。

2001年国勢調査では、ウクライナ系が56.9%（1989年は50.7%）、ロシア系が39.2%。母語がウクライナ語は24.1%（89年は47.7%）、ロシア語が74.9%となっており、89年と比べて、民族はウクライナ化、言語はロシア化という状況である。ハルキウでは状況が異なり、民族、言語いずれも若干のウクライナ化が進んでいる。

中部地域（『ウクライナ・ナショナリズム』では歴史的経緯を重視し、「ヘトマンシチーナ」と分類される左岸ウクライナと、右岸ウクライナに分けられている）

首都キーウを擁する中部地域は、民族的にも言語的にも、また選挙における投票を見ても、ウクライナのなかでは中間的な地域とされてきた。この地域はドニプロ川の左岸（地図では川の右側）と右岸とで二つに分けられる。

ドニプロ川左岸の「ヘトマンシチーナ」とは、1649年から1782年の間存在したコサック国家の一部である。ロシア人たちはこの地域を「小ロシア」と呼んできた。キーウを中心に北のチェルニヒウや中部チヒルィーンなど、ドニプロ川沿いの都市を含む。黒海・アゾフ海には届かない内陸部である。キーウは右岸に位置するが、歴史的に左岸地域と同じ領土上の経緯をたどった。

キーウを除くドニプロ川右岸は、17世紀後半以降ポーランドに支配された。ヘトマンシチーナは当初この地域を含む、左岸・右岸ウクライナにまたがっていたが、1667年に右岸をポーランド、左岸をモスクワ大公国が領有した。ポーランド支配下の右岸において、コサックたちは弾圧に苦しみ反乱を起こしたが、再分割がなされて18世紀末にはロシア帝国の支配下に入った。南西にモルドバ、北にベラルーシと国境を接している。

中部地域は2001年調査では、ウクライナ系が82.2%、母語はウクライナ語が70.5%を占める。

ノヴォロシア（新ロシア）[(4)]

この地域は、17世紀にはクリミア・ハン国（モンゴル系）とオスマン帝国

(3)　ロズニツァは、2010年にヤヌコーヴィチ政権になってから、この地の治安が急速に悪化したと指摘している。「ディレクターズ・ノート」『映画「ドンバス」パンフレット』p.31.

(4)　「ノヴォロシア」は18世紀に遡る歴史的名称で、それが含む地域は時代によって異なる。現在のプーチンの脳内では、それは南部だけでなく東部のドンバス地方を含む、「ウクライ

（トルコ系）に支配されていたが、18世紀末にはロシア帝国に併合された。このとき、ウクライナ・コサックによるザポリージャにある本営（シーチ）も解体された。現在の都市の多くがロシアによる植民都市である。ヘルソン、マリウポリ、シンフェロポリ、メリトポリ、オデーサなど。

2014年にロシアによる併合対象となったクリミア半島には、ロシア系住民が多い。これは一つには、この地に住んでいたクリミア・タタール人が、1944年にスターリンによって民族ごと中央アジアに強制移住させられ、跡地にロシア人が移り住んだためである(5)。また、クリミア併合後にはロシア人の人口比率を上げるために、ロシアからの移住とクリミア住人のロシア領内への移住が進められているとされる。2001年時点での人口比は、ロシア系60.4%、ウクライナ系24.0%、クリミア・タタール系10.8%（ウクライナ人口統計）。2014年はロシア系67.9%、ウクライナ系15.7%、クリミア・タタール系12.6%（ロシア人口統計）。2001年時点で母語がロシア語は77.0%、ウクライナ語は10.1%、クリミア・タタール語が11.4%である。

北部地域（ヴォルィーニ）

ウクライナ北西部、ヴォルィーニ州およびリウネ州全域と、ジトーミル州・テルノーピリ州・フメリヌィーツィクィイ州の一部を含む領域。11世紀末にキーウ・ルーシの分国として成立したヴォルィーニ公国が元になっている歴史ある地域。リトアニアやポーランドの支配下にあったが、18世紀末にロシア帝国に組み込まれた。20世紀にも第二次大戦まで、ポーランドとソ連に分割支配されたり、ドイツに占領されたりした。

この地域はウクライナ系の割合が高く、2001年の国勢調査では97%を占めた。ウクライナ語を母語とする割合も97.3%ときわめて高い。

ガリツィア（ハルィチナ）地方

ウクライナ西部、リヴィウ州、イヴァノ＝フランキーウシク州、チェルニウ

ナ侵攻によって最低限ロシア支配を及ぼしたい場所」全体を指している。2014年の「親ロシア派」による「ドネツク人民共和国」「ルガンスク人民共和国」の樹立と、ロシアによる二国の承認によって、これら二国は「ノヴォロシア人民共和国連邦」と称した。ロシアは二国を国家として承認したが、2015年2月の第二次ミンスク合意後に取り消した。2022年2月21日、ウクライナ侵攻直前に再度両国を国家承認した。

ノヴォロシアへの加盟地候補は、これらのウクライナ二州の他、モルドバの沿ドニエストル共和国およびガガウス自治区、ウクライナ東・南部のドニプロペトロウシク州、ザポリージャ州、ミコライウ州、オデーサ州、ハルキウ州、ヘルソン州である。ロシアはこれらの地域を親ロシア派支配地として事実上併合し、そこから再度キーウおよび西部を攻略する狙いであるとされる。

ロズニツァ「ドンバス」には、ノヴォロシア人民共和国連邦の旗と「国歌」が何度も登場する。

(5)　クリミア・タタール人については、第3章第8節、第5章第6節および註（49）を参照。

ツィー州を含む領域。11世紀末のハルィチ公国が元になっている。13世紀には北にあるヴォルィーニとともにハルィチ＝ヴォルィーニ大公国の一部となった。このころハンガリーの影響下にあり、ラテン語風にガリツィアと呼ばれるようになった。ポーランド＝リトアニア共和国に編入されたあと、18世紀にはオーストリア帝国の一部となる。20世紀の二度の大戦では、ポーランド、ソ連に支配された。さまざまな隣接国に支配された歴史を持ち、地理的にロシアから遠いこの地方は、ウクライナの中で最も西欧的であると言われる。現在の中心都市はリヴィウである。

2001年国勢調査では、ウクライナ系が94.8%、ウクライナ語を母語とする人は95.3%ときわめて高い割合である。

なお、この地域およびヴォルィーニ地域でポーランド系やユダヤ系が激減し、民族的な単一化が進んだ経緯は、第3章第6節で説明したとおりで、民族浄化が絡んでいる。

＊＊＊

これら5つが大きな区分であるが、もう一つ、カルパティア山脈を隔てた最西部に、ザカルパッティア州がある。ここは「カルパティア・ルーシ」と呼ばれる地理的・文化的・地政学的な境界の地で、さまざまな国に支配され、チェコスロバキアの一部であった時代もあった。21世紀に入ってからもウクライナからの独立を求める運動が起こっており、独自の文化と政治志向を持つ地域とされる。2001年国勢調査での民族構成は、ウクライナ人が80.5%、ハンガリー人が12.1%となっている。

ウクライナ地図

ベラルーシ
ポーランド
ヴォルィーニ州
リウネ州
ジトーミル州
リヴィウ州
リヴィウ
テルノーピリ州
フメリヌィーツィクィイ州
スロヴァキア
イヴァノ＝フランキーウシク州
ヴィーンヌィツァ州
ザカルパッティア州
チェルニウツィー州
ハンガリー
モルドバ
ルーマニア
オデー
沿ドニエストル
クリミア（ロシアにより併合）
ルハンスク人民共和国
ドネツク人民共和国

チェルニヒウ州
ロシア
スームィ州
キーウ
キーウ州
ハルキウ
ポルタヴァ州
ハルキウ州
チェルカースィ州
ドニプロ川
ルハンスク州
キロヴォフラード州
クラマトルスク
ドネツク州
ドニプロペトロウシク州
ルハンスク
アウディーイウカ
クルィヴィーイ・リーフ
ミコライウ州
ドネツク
サ州
ザポリージャ原発
ザポリージャ州
マリウポリ
ヘルソン
オデーサ
ヘルソン州
黒海
アゾフ海
ロシア
シンフェロポリ
セヴァストポリ